Research on the Strategic Human Resource Management
and Enterprise Competitive Advantage

战略人力资源管理
与企业竞争优势研究

徐祥芸 / 著

中国海洋大学出版社
·青岛·

图书在版编目（CIP）数据

战略人力资源管理与企业竞争优势研究 / 徐祥芸著.
—青岛：中国海洋大学出版社，2022.4
　　ISBN 978-7-5670-3142-5

　　Ⅰ.①战…Ⅱ.①徐…Ⅲ.①企业管理－人力资源管
理－研究 ②企业竞争－研究 Ⅳ.①F272.92 ②F271.3

中国版本图书馆CIP数据核字（2022）第069026号

出版发行	中国海洋大学出版社			
社　　址	青岛市香港东路23号		邮政编码	266071
出 版 人	刘文菁			
网　　址	http://pub.ouc.edu.cn			
电子信箱	813241042@qq.com			
订购电话	0532-82032573（传真）			
责任编辑	郭周荣		电　　话	0532-85902495
印　　制	蓬莱利华印刷有限公司			
版　　次	2022年12月第1版			
印　　次	2022年12月第1次印刷			
成品尺寸	170 mm × 240 mm			
印　　张	13			
字　　数	250千			
印　　数	1-1000			
定　　价	48.00元			

发现印装质量问题，请致电0535-5651533，由印刷厂负责调换。

目录
Ｃｏｎｔｅｎｔｓ

第一章

绪 论

第一节　研究背景

一、现实背景

现代信息技术和经济全球化正在以异乎寻常的方式改变着现代企业的经营理念、战略选择和管理模式。在复杂多变的市场竞争环境中、在企业塑造核心能力和可持续发展能力的过程中，战略人力资源管理的核心地位越来越明显，也逐渐显示出战略人力资源管理与企业经营绩效、竞争优势的紧密相关性。

进入21世纪以来，经济全球化的速度不断加快，新技术、新理念被广泛应用于经济社会的各个领域。随之而来的是企业的经营发展环境面临着前所未有的巨大变革，目前呈现出两个突出特点：一是经营发展环境的动态性；二是经营发展环境的复杂性。从企业经营环境的动态性来看，其外部环境充满了各种不确定因素，经济、社会、文化、制度等因素剧烈变化且难以预判，市场需求日益多元化，产品更新换代速度更快，企业利益相关者的诉求不断变化，企业原有的竞争优势在环境剧烈变化的过程中面临着新的挑战。从企业经营环境的复杂性来看，企业面临的国内外新的市场环境错综复杂，市场竞争中的各种因素不断变化，并且在各种因素的相互作用中不断产生新的变化，企业的经营环境和战略制定面临的环境十分复杂且不确定。在动态复杂和激烈竞争的市场环境中，只有那些不断创新并且通过创新不断适应环境变化的企业才能获得可持续发展的能力和新的竞争优势。而那些缺乏活力、反应迟缓、不善于创新、缺乏适应环境变化能力的企业只能被市场所淘汰。从根本上说，由于企业竞争形式和竞争手段的多样性，最终决定市场竞争胜败的是企业的战略能力。企业竞争归根结底是企业资源、企业能力、企业创新的较量。企业拥有强大的资源与能力，并具有强大的配置资源和不断学习、创新的能力，才能够在激烈的市场竞争中战胜对手，实现基业长青。目前，多数企业为了在激烈的市场竞争中求得生存和发展，都在致力于降低成本、开发新产品、塑造品牌、开拓新市场、进行产业转型和战略变革，以提升自身的发展能力和竞争优势。

市场竞争的实践表明，企业提升适应环境变化的能力、提升战略能力、获得竞争优势的关键是人力资源管理，特别是战略人力资源管理。面对复杂多变的市场环境，企业的经营战略必须做出适应性调整，人力资源管理则是战略调整的重心。在经典的管理学理论中，对于人力资源管理的研究和实践都是基于相对稳定的市场环境展开的，在当时的社会化大生产背景下，企业贯彻的是以人事管理为核心的人力资源管理模式。而当今的市场环境变化多端，变革成了经济发展的常态。随着信息技术的迅速发展，原来由人工完成的工作可由信息化和自动化来代替，并且员工对于新型工作的适应能力也提高了。与此同时，为适应市场环境的瞬息万变，企业的变革速度日益加快，对企业组织的灵活性提出了新的要求，企业的业务流程及相应的管理流程不断发生新的变化。在此情况下，企业的管理层次将越来越少，对企业员工素质的要求越来越高，管理者需要转变角色，转变对业务经营和企业员工的管理方式，这些变化对企业人力资源管理提出了新的挑战。目前，企业的竞争压力不仅来自外部，要求产品创新与及时对客户的需求做出响应，而且企业内部也面临着前所未有的变革，比如组织结构扁平、业务流程重组、学习型组织等。企业在如此环境中，战略人力资源管理也必然面临革新。在复杂的动态环境下，企业应该具备快速、准确的应变能力，具有独特的视野和先进的管理理念，能感知和预测市场变化及其发展趋势，以一种新的思维方式重新思考企业战略人力资源的角色与价值问题，改变过去将人力资源管理仅仅限定为企业内部管理的观念和思想，按照企业价值链构造和价值增值的链条，放大人力资源管理的外延，丰富人力资源管理的内涵，充分发挥战略人力资源管理对于提升企业竞争优势的功能。

在信息化和知识经济时代，战略人力资源是一种不可替代的稀缺性资源，是企业的生存之本、创新能力之源、竞争优势之根。企业参与市场竞争依靠的是核心能力形成的竞争能力，而企业核心能力并不是由单一要素形成的能力，而是由一系列互补的知识与技能整合而成的综合能力。在企业生产能力、研发能力、创新能力、决策能力、管理能力、营销能力、运营能力、服务能力等构成的能力体系中，处于核心地位的是战略人力资源管理能力。企业的各种资源、各种能力，归根结底需要企业人力资源进行整合和优化。在现代企业中，战略人力资源具有独特性和难以模仿性，这种独特的稀缺资源通过整合和运营企业资源，能够塑造和提升企业能力，不断推进企业创新，从而形成企业竞争优势，实现企业的长期可持续发展。

二、理论背景

战略人力资源管理的理论研究是一般性人力资源管理理论的上升与发展，在战略人力资源管理研究中，人们对战略人力资源与企业经营绩效、竞争优势相关性的认识不断加深，本研究正是基于这一理论研究背景的逻辑推演展开的。

战略人力资源管理的理论研究，经历了从人事管理到人力资源管理、再到战略人力资源管理的发展过程。20世纪初，在"科学管理"的理论框架中开辟了人事管理的研究，在以"科学管理之父"泰罗的理论为代表的管理思想的指引下，逐渐形成了人事管理的理论体系。人事管理注重员工的招聘选择、岗位分配、岗位职责、工作职能设计以及薪酬设计等，其管理思想是将员工视为一种简单的劳动力或一种单纯的劳动要素，并未把这种劳动要素上升到人力资源或人力资本的层次加以认知。20世纪中期之后，以著名管理学家德鲁克为代表的一批学者提出了"人力资源"的概念，实现了从人事管理到人力资源管理的理论研究的转变。人力资源管理将员工视为一种资本要素和资本形态，注重人力资源的开发，即员工技能培训、员工素质提升、员工自我控制能力与创造能力的培育等，强调人际关系、工作关系的协调，注重通过激发员工的工作主动性、自我提升能力与创造能力，提高企业组织的经营效率。20世纪80年代以来，一般性人力资源管理上升到战略人力资源管理的高度。1981年，Devanna、Fombram 和 Tichy 在《人力资源管理：一个战略观》一文中分析了人力资源与企业战略的关系；1984年，Beer等人在《管理人力资本》一书中提出了"战略人力资源管理"的概念，标志着战略人力资源管理理论的诞生。相对于传统的人力资源管理，战略人力资源管理定位于实现企业的战略发展目标、对人力资源进行一系列有计划的战略部署和战略管理行为，即将人力资源管理置于企业发展目标的框架中予以战略思考与安排。战略人力资源管理是指在企业总体战略框架下对人力资源价值进行开发、规划、控制、监测和提升，以实现企业战略目标的管理过程与管理行为。战略人力资源管理的主要内容包括人力资源规划、人力资源配置、人力资源开发、人力资源提升、人力资源价值评价、人力资源价值创造等。

战略人力资源管理将人力资源与企业战略紧密联系起来，将人力资源视为一种企业获取竞争优势的核心资源，强调通过人力资源规划、人力资源激励、人力资源价值提升，获得与企业战略目标、战略重点、战略步骤、战略措施相匹配的人力资源配置，以此推动企业在实现战略目标的过程中形成并保持竞争优势。在战略人力资源管理的理论体系中，战略人力资源是一种特殊的人力资本，具有独特的核心知识、技能与能力，内含独特的价值与功能，处于企业战略安排与战略系统中的重要岗位与关键部位，对于推动企业战略目标的实现具有重要价值并发挥特殊功能。与传统的人力资源相比，战略人力资源具有较高程度的稀缺性、专用性和不可替代性，它处于企业战略系统中并与企业战略目标相契合，在企业战略系统中形成完整的人力资源组织建构，发挥人力资源组织的整体协同效应。与传统的人力资源管理不同，战略人力资源管理认为人力资源是决定企业经营成败的关键因素，是决定企业能否取得竞争优势的核心资源，其主要职能是根据企业内外环境的动态变化，进行人力资源规划与配置，参与企业战略实施过程，塑造企业核心竞争力，推动企业战略目标的顺利实现。

第二节　研究价值

一、理论价值

战略人力资源管理的理论分析框架内在地嵌入了企业战略系统。在关于战略人力资源管理与企业战略内在关联的研究中，学者们关照到了企业资源理论和企业能力理论，注意到了基于企业资源整合的企业核心能力的培育，进而探讨了企业能力与核心能力对于确立企业竞争力的重要价值。然而，目前学术理论界关于战略人力资源管理与企业核心能力、竞争优势相关性的理论研究，只是停留于一般性的理论探讨，局限于表层意义上的概念分析，而没有深入思考和研究战略人力资源管理的影响和决定企业竞争优势的路径、方式和关键要素，即未能进一步分析战略人力资源管理影响企业竞争优势的内在机理问题。本研究所要探讨和分析的课题，有助于丰富和深化战略人力资源管理的理论研究以及战略人力资源管理与企业核心能力、竞争优势相关性的理论分析，能够帮助人们加深对于战略人力资源管理影响企业竞争优势内在机制的理论认识，从而拓展关于战略人力资源管理理论研究的广度与深度。

目前，学术界关于战略人力资源管理与企业竞争优势相关性的一般理论研究，主要有如下一些基本观点。迈克尔·波特认为，人力资源管理是企业获得竞争优势的关键；Barney（1986）、Collis（1991）、Foil（1991）及 Amit Schoemaker（1993）等学者的研究指出，企业内部战略人力资源有助于创造长期的竞争优势。Wemerfelt（1994）将企业内部的资源定义为有形与无形的资源，包括技术资源、人力资源、机器设备资源等；Barney（1991）将战略人力资源列为企业的三大主要资源之一；而 Barney 和 Wright（1998）在"成为策略伙伴——人力资源角色增进竞争优势"研究中以战略人力资源的价值性、稀有性、难以模仿性和组织支持等来检测企业发展的持续竞争优势以及战略人力资源所扮演的角色。他们指出，了解员工在持续竞争优势中的价值及角色、人力资源执行的经济性结果、各个产业之间人力资源的差异、人力资源功能在企业构建未来竞争力中所扮演的角色，是企业保持持续竞争力的关键所在。为此，企业获取竞争优势的观念正在发生变化，由从企业的外部环境获得向提取企业自身的资源转变。作为企业三大核心资源之一的人力资源，其本身具有其他资源所无法比拟的再生性、互动性、多样性、异质性等特点，为企业获取竞争优势提供了有力的保障。战略人力资源管理是获得竞争优势的重要工具，是赢得竞争优势的源泉，这已经成为理论界的一种共识。进入21世纪，企业之间的竞争越来越多地体现在人才的竞争和人力资源管理的竞争上，而战略人力资源管理是围绕着企业战略目标对人力资源的整体布局和谋划展开的。因此，在复杂动态的市场竞争环境中，企业参与市场竞争并占据竞争优势的核心就是做好战略人力资源管理，战略人力资源管理已经成为企业能否获得持续的竞争优势的关键。本研究的理论价值就在于探索战略人力资源管理影响企业竞争优势的机理，并对这种影响机制进行深入分析，同时提供相应的分析证据。

二、实践意义

综观企业竞争过程，从自然资源竞争到资本资源竞争，再到技术资源竞争，现今演变成为人力资源的竞争。对企业来说，企业战略只有与人力资源进行有效的互动和配合，才能够不断促进二者之间的转换和升级，从而推动企业的可持续发展。本研究在探讨战略人力资源管理活动对企业竞争优势影响机制的基础上，为企业战略管理和人力资源管理实践提供指引。

本研究强调战略人力资源管理是企业战略的核心。把人力资源管理提升到企业战略层面，主要是基于人力资源必须围绕企业的战略目标来配置，通过合理配置企业人力资源，利用一系列人力资源管理工具（如招聘、培训、激励等）调动员工积极性，发挥员工潜能，最终确保企业战略目标的实现。实际上，战略人力资源管理与企业战略是一种相辅相成的关系，是一种动态适应和调整的关系，这种关系随着企业战略的推进一直持续进行。正是这种动态适应、调整、再适应、再调整的循环过程，保证了企业战略与战略人力资源管理的持续密切配合。战略人力资源是企业获取竞争优势的首要因素，而竞争优势正是企业战略得以实现的保证。同时，企业实现竞争优势所需的各种因素，如研发能力、营销能力、生产能力、财务管理能力等，最终都依赖于战略人力资源。因此，在企业战略的实施过程中做好战略人力资源管理是最关键的，战略人力资源是企业战略的核心要素。

本研究探索了通过战略人力资源管理提升企业竞争优势的途径。战略人力资源管理不仅受企业战略环境的不确定性影响，同时，人力资源的异质性、多样性和互动性也使战略人力资源管理的实施效果难以衡量和评估，这就要求企业引入科学的绩效管理方法，使战略人力资源管理具有可操作性、可控性和可预见性，只有这样的战略人力资源管理才能将企业人力资源转化为企业竞争优势。科学技术的迅速发展和广泛应用是当代社会经济发展的重要特征，战略人力资源管理有利于提高企业的创新能力，企业制胜的重要法宝之一就是保持强劲的创新能力，而这种创新能力的保持依赖于战略人力资源管理。从这个意义上说，战略人力资源管理就是不断提高企业员工的综合素质，并根据企业发展目标的需要不断提升他们的创新能力。在战略人力资源管理中，对人力资源内涵和外延的开发、招募并留住企业的核心人才、对企业人力资源进行能力测评、教育和培训等过程的管理，都有利于提高企业的竞争力。因此，本研究认为战略人力资源管理就是要保证各个工作岗位所需人才的供给，保证这些人才具有其工作岗位所要求的技能，同时通过设计与企业的战略目标相一致的薪酬计划、培训规划、职业生涯规划等，来增强企业人力资源的竞争力，以此达到增强企业竞争优势的目的。

本研究提出了建立有效的战略人力资源管理体系的策略。通过战略人力资源管理，实施有助于提高企业员工绩效的相关管理活动，有效推进企业管理机制的调整和优化，从而实现企业绩效最大化，最终发挥战略人力资源对实现企业战略目标的促进作用。在实践中，许多企业的战略人力资源管理意识比较薄弱，不能有效地将人力资源转化为战略管理能力，甚至出现人力资源管理理念与人力资源管理实践严重脱节的情况，最终导致人力资源管理规划难以落地，人力资源管理策略缺乏执行力。企业管理实践表明，有效实施战略人力资源管理，必须建立一套科学合理的人力资源管理体系，构建战略人力资源管理体系是现代企业应该重点关注的内容。本研究提出的策略围绕人力资源管理的六大模块建立一套有效的管理体系，包括人力资源规划、招聘与配置、培训与开发、薪酬设计与管理、绩效管理、员工关系管理等，以此构建一个完整的战略人力资源管理系统，保证在企业管理实践中的有效实施。

第三节 研究方法

一、研究路径

本研究按照从理论探索到实证检验的研究路径展开，分为三大部分。首先，通过文献研究归纳关于人力资源管理、企业战略、动态能力、竞争优势等研究领域的经典理论和最新研究成果，提出研究的主题及其理论和现实意义。其次，以理论和文献研究为基础，探讨战略人力资源管理、动态能力、企业竞争优势等研究对象之间的理论逻辑关系，提出理论研究模型与研究假设。最后，采用科学合理的测量方法，结合专家的意见构建测量问卷和工具，采用问卷调查的方式收集研究所需要的数据，在此基础上，采用AMOS、SPSS等统计软件处理数据，验证研究假设并得出研究结论。

二、研究方法

（1）文献研究法。为全面厘清战略人力资源管理、动态能力和企业竞争优势等核心研究对象的研究现状与脉络，本书全面收集了相关研究主题的最新研究进展与研究成果，对 CNKI、维普和万方等中文数据库以及部分国外数据库进行了全面检索，并对相关研究领域的部分权威期刊进行了跟踪调研。在大量查阅与分析相关文献的基础上，确定本研究主题的理论分析架构。

（2）专家访谈法。在文献研究的基础上总结现有研究中的成熟测量量表，对于测量量表不完善或测量量表欠缺的变量，在专家访谈的基础上进行开发和完善。本研究首先对企业管理人员和相关领域的专家学者进行访谈，积累大量的原始材料；然后通过材料分析对不完善的量表进行补充完善，对测量量表欠缺的变量进行量表开发；最后对专家学者进行回访，让其就新开发的量表条款进行开放式讨论，从而进行增删、完善。

（3）问卷调查法。该方法是通过内容明确、表达清晰的调查表格，了解被调查者的评价的方法。问卷调查法的优点是通过结构化的问卷，以低成本获得较大的样本量，并进行数量分析。本研究在专家访谈的基础上选择合适的量表并将其完善，前期通过专家小组提出意见、小样本的前测来测试量表，在此基础上进行大规模的问卷调查，收集足够的有效样本，为后续的实证分析提供数据支撑。

（4）实证分析法。本研究对 500 余份有效问卷所得的数据进行信度效度分析，使用 SPSS 24.0 和 AMOS 23.0 软件，对概念模型进行结构方程模型（SEM）和多元回归分析并进行检验，确定变量间的相互关系，检验概念模型及理论假设是否成立并得出结论。

第二章

相关理论研究综述

第一节　相关理论概述

一、资源基础理论

传统的战略管理理论，如迈克尔·波特的企业竞争理论，强调外部环境和竞争者对竞争优势获取与保持的影响。在企业资源基础理论出现以后，对于企业持续竞争优势来源的研究重心便从企业外部环境转向了企业内部资源，强调企业应通过挖掘和占有这些能带来竞争优势的资源而确立竞争地位。资源基础理论的核心问题是分析企业产生绩效差异的原因以及如何保持竞争优势，自20世纪90年代中后期开始，资源基础理论就成为占主导地位的理论流派之一。以 B.Wernerfelt 和 Barney 为代表的学者开始关注企业的内部要素对企业绩效和竞争优势的影响，利用资源获取竞争优势便是资源基础观的核心内容。该理论认为企业不能仅由其产品市场活动来观察，因为企业由复杂、无形以及动态的资源组合所形成（Bundles of Resources），这些资源分为资源与能力，主要指的是组织所控制或拥有的相关资源要素。资源可通过其他资产与连接机制，如技术、管理咨询系统、组织信任等转换成产品与服务；能力则指企业整合与组织等程序来达成目标的一种资源配置能力。企业可借由这些资源与能力，以制定及执行相关策略来改善效率与效能（Barney，1991）。资源基础理论的应用价值是让管理者关注企业自身的能力，让管理者根据资源制定企业战略以及做出决策，同时帮助他们识别一系列能给企业产生持续竞争优势的资源。资源基础理论的重要贡献是将企业竞争优势的研究从企业外部环境转移到企业内部资源分析。

1984 年，B.Wernerfelt 在美国的《战略管理杂志》上发表了《企业资源基础论》一文，这篇文章是资源基础理论正式诞生的标志，文章认为企业获得持续竞争优势和绩效的关键是累积企业内部资源、知识以及能力，同时他也归纳了企业战略资源的异质性，总结了它的四个特点，即稀缺性、价值性、不可模仿性以及不可替代性。Barney（1991）认为支持企业取得可持续竞争优势的战略资源必须具有价值性、难以替代性、不可模仿性和稀缺性。在 B.Wernerfelt 研究成果的基础上，Barney（1991）进行了更深入、更细致的研究，并初步构建了资源基础理论的研究框架。1991年，Barney 发表了《企业资源与持续竞争优势》一文，由此提出了资源的四个属性，即价值性、稀缺性、模仿性以及替代性。他认为资源的价值性在于企业能够利用这些资源来获得开发市场的机会或者降低威胁；而资源的稀缺性主要是指竞争者之间的资源缺乏共同性，各类资源具有独特性；模仿性是指竞争者模仿某种资源的成本和难易度；资源的替代性是指复制资源某种功能的程度。这些特征决定了资源能否成为企业竞争优势的来源。例如，当一种资源既有价值又稀缺，它便成为竞争优势的来源，然而当这种资源具有不可模仿性和不可替代性时，它便成为持续竞争优势的来源。

Barney（2002）将战略性资源所具有的四个异质性特点改为有价值性（Valuableness）、稀缺性（Rareness）、不可完全模仿性（Imperfect Imitativeness）和组织性（Organization），这是目前被学术界最广泛接受的观点。现代社会人力资源的价值性主要体现在高素质的员工是组织绩效的主要来源。价值性是指某种人力资源具有持久性的竞争优势，该资源必须为企业提供价值，而这种价值主要体现在资源的异质性上。稀缺性是指如果人力资源能力呈现正态分布，那么高素质的人力资源自然也就相对稀缺，组织的一个主要目标就是吸引并留住这些高素质的稀缺人才。由于高素质人才的形成需要很长的周期，企业很难在短期内通过培训获得，高薪外聘也很难获得，所以哪个企业获得了高素质的人才，哪个企业就获得了竞争优势。具体来说，不可完全模仿性包括"难以模仿性"和"难以替代性"。"难以模仿性"是指人力资源所创造的竞争优势，譬如企业长期发展建立的制度与业务、企业专门建立的团队、企业员工所拥有的独特知识、企业文化等，这些都很难被竞争对手模仿。产生"难以模仿性"的原因是竞争对手很难在短时间内模仿企业发展所形成的独特路径和企业长期发展所形成的独特机制

（Becker 等，1996）。"难以替代性"是指无论技术发生怎样的变化，只要企业拥有高素质人才，就能够学习、取得新技术并应用到生产中，以保持竞争优势。反过来讲，技术容易替代，但人才难以替代，企业所拥有的人力资源难以替代。Colbert（2004）提出复杂资源基础观，以此为基础建立了一个战略人力资源管理研究框架，认为在特定组织情境下，人力资源准则首先被确立，其后人力资源政策、人力资源活动、人力资源结果会进行自我组织。组织性是指有效配置和整合企业所拥有的独特资源（稀缺性、价值性、不可完全模仿性的资源）的能力。如果企业不能有效整合这些资源，就无法发挥这些资源的作用。从资源基础观的角度出发，袁红林（2003）、程德俊（2004）、苏方国（2005）提出了战略人力资源管理实践能够为组织获取核心竞争力，同时论述了战略人力资源管理实践与组织竞争优势之间的关系。张正堂等（2005）、戚振江（2010）等也比较系统地探讨了以资源基础观为理论基础的战略人力资源管理，提出人力资源管理能够形成一套不会被轻易模仿和替代的稀缺能力，能够提高组织绩效，保持组织的竞争能力。根据 Delery 和 Roumpi（2017）的研究可知，以往的战略人力资源管理研究对资源基础理论的解释并不理想，同时，他们进一步提出战略人力资源管理不仅通过确保员工能力、动机与机会来促进组织绩效，另一个重要的途径是战略人力资源管理能够塑造供给侧和需求侧的流动约束（Mobility Constraints）。由于资源具有不可完全模仿性，因此能够保证组织获得持续的竞争性。

企业竞争优势与人力资源和人力资源管理活动呈正向关，企业绩效与企业竞争优势呈正向关。Eisenhardt 等学者（2000）认为，资源、能力和知识等组成的资源基础理论是组织竞争优势的来源。人力资源管理活动的确能够符合稀缺性、不可模仿性、价值性以及难以替代性（Barney，1991）。人力资源基础理论的显著特征是：人力资源是一个系统，并且是一种战略性的资产，其特点是价值性、稀缺性、不可模仿性和难以替代性，组织通过获取和留住这些资源而获得成功（蒋建武、赵曙明，2007）。

二、人力资本理论

20世纪50年代开始，加里·贝克尔（Gary S. Becker）和西奥多·舒尔茨（Theodore W. Schultz）等学者提出了"人力资本理论"，这一理论开辟了学术界关于人的生产力分析的新思路。他们重新发现了人力资本在经济发展中的重要作用，并推动人力资本理论研究的开展，正如西奥多·舒尔茨所说："人类的许多经济才能都是通过带有投资性质的活动逐步发展起来的。"早期的人力资本研究主要是从经济学的理论来探讨，将"人力资本"视为企业对于员工个人在教育训练上的投资，而这个投资是可靠的且可用来获利的资本。如Becker（1964）曾提出"人力资本"，并主要探讨了人力资本形成、解释人力资本现象、人力资本作为投资的标的等问题。

人力资本理论的产生有特定的历史背景。一是学科分化与综合的总趋势促成的。人类发展早期的时候，由于对自然和人类自身的认识还非常肤浅，学科分化不明显，所以学科分化不那么重要。但文艺复兴以来，学科分化愈来愈细，这种趋势最大的好处是可以对某一具体问题进行深入研究。与此同时，人们又在不断地寻找学科之间的各种联系，人力资本理论研究正是在这一背景下兴起的。二是研究方法的进步。各学科研究方法相互借鉴，研究的视野逐渐开阔。在经济学领域，经济发展理论、经济总量理论、经济运行理论逐步成熟，特别是经济总量理论，对人力资本理论的产生起着很重要的作用。

人力资源管理活动的差异可以反映人力资本投资水平的高低，并据此分析人力资本投资类型的不同（Lepak，Snell，1999）。学者们关于企业通过哪些人力资源管理活动实现人力资本投资的观点差别不大，一般认为，甄选、训练和薪资等人力资源管理实践可直接代表人力资本投资活动（Flamholtz，Lacey，1981；Parnes，1984；Cascio，1991），成果导向的绩效评估和激励性活动也被认为是另一种人力资本投资方式（Snell，Dean，1992）。除了培训可以提升员工技能，提升人力资本存量，激励员工努力程度，提高人力资本使用效益外，Huselid（1995）还提出，组织内的工作结构可以为员工提供运用技能与知识的机会，有助于人力资本的有效运用。例如，宽泛的工作定义、员工参与、团队合作和地位平等化都是人力资本投资的关键。近年来，在人力资本理论基础上，学者们提出了一系列加强人力资本管理的思路和方法，例如对知识型员工的管理、重视职业生涯的培训和开发、团队建设、企业文化的塑造、组织机制建设和人力资本控制等（李燕，2007）。综合以上论述，人力资本理论最大的贡献在于，其对人力资源管理措施的阐释是建立在员工的知识、技能与能力的基础上，使企业组织将员工视为"价值创造"的资源，而非过去所认为的"人力成本"。

三、企业能力理论

企业能力理论萌芽于20世纪初，其萌芽阶段主要关注企业的生产技能和技术创新，认为企业能力源于劳动者的个体才能。当社会分工出现大发展之后，劳动者之间的竞争就开始了，能力强的劳动者会用自身的技术迅速实现产品的商业化，此时企业也纷纷开始增强生产能力，提高生产效率和管理技能，加快技术的开发和利用。至20世纪70年代，企业能力理论的研究重点在于关注企业的内部协调，同时也出现了兼并浪潮，企业的内部协调机制逐步完善，劳动生产率进一步提高，企业利用工人的高强度劳动获取了高额的租金，此时是资本主义的黄金时期。企业生产规模扩大了，然而工人的收入却在逐步下降，社会贫富差距加大，社会矛盾日益激化。在此情况下，如何协调企业内部的各种关系，保证企业仍旧可以获取高额的利润，就成为当时企业界关注的焦点。

20世纪80年代之后，企业能力理论对企业及其行为的解释视角从外部因素转向内生因素，从组织自身的内生性要素和能力来探讨企业的行为与本质，强调产生企业绩效差异的根本原因在于企业内部的要素。企业存在的主要原因是形成和积聚特定能力，企业是能力的集合，这是企业能力理论的核心。能力导向的观点认为能力指的是企业配置其所能影响的资源，这是一种以信息为导向的、无形或有形的企业特有的过程，并且随着企业资源长期的相互作用而产生与发展（Amit, Schoemaker, 1993）。企业能力具有难以被替代和难以被模仿的特性，同时也表征了产业内不同企业之间的异质性特征（Barney, 1986; Mahoney, Pandian, 1992; Amit, Schoemaker, 1993; Peteraf, 1993）。因此，企业通过获取在所处市场中接近垄断的位势而产生竞争优势，并试图拥有战略潜能来挖潜机会或回避威胁（Rumelt, 1984; Prahalad, Hamel, 1990）。总而言之，此时的企业能力是一种内部的协调管理能力。企业能力理论自20世纪80年代以来，开始重点关注如何获得持续竞争优势，提出了核心能力与动态能力的理论观点。

20世纪80年代，黑特和爱尔兰德认为，公司独特的竞争能力，特别是公司所拥有的核心技巧使其开发出能带来收益的产品和服务，从而使企业保持持续的优势。普拉哈拉德和哈默在20世纪90年代首次提出了企业核心能力是企业持续竞争优势之源的观点，在此之后很多学者都关注到了这一观点。他们把这种能力看作企业内学识的积累，这种积累能力调整了企业的内部管理和技术联系。此观点整合了前两个阶段的理论，既重视了企业知识的内部积累，关注企业的创新和技能的提升，又重视了技术与管理之间的协调。该理论的核心命题是抛却企业的物理形态，把企业视为各种能力整合而成的系统。核心能力是企业长期积累的知识的集合，企业利用这些知识协调各种管理流程、生产技能和多种技术，形成了独特的知识体系，即核心能力。识别企业的某项技术或技能是否归属于核心能力，可以从三个标准来判断：一是顾客价值，即该技术或技能可否有助于产生用户认可的价值；二是独一无二性，即该技术或技能在与对手竞争和比较时能否表现出与众不同、难以复制的能力；三是拓展性，即该技术或技能能否成长为企业开发新市场的基石。市场竞争虽然表现为产品在市场份额上一争高下，但其本质是产品背后所凝结的各种企业核心能力的同场竞技。核心能力可大可小、可多可少，同时衍生出众多外围的技术、服务、产品和产业以及行业。这些以核心能力为中心的企业能力辐射圈创造了多种路径，企业正是沿着这些路径，在不同阶段进入或者退出各个市场，争相获取市场影响力，即竞争优势。所以，企业要想攫取竞争优势，功夫要下在辨识和培育自身独一无二、难以模仿、具有顾客价值增值潜力的核心能力。这意味着，企业的长远战略是通过学习和知识管理，创造并积累足够的核心能力，并将其应用于整合管理流程、生产技术和技能的生产活动中，以获取超过对手的竞争优势地位。

核心能力理论相对于资源基础理论存在较大区别，核心能力所强调的创造企业持续竞争优势的来源是核心能力，核心能力是一种对生产和管理能力、技能进行整合、协调甚至产生协同效应的能力。核心能力理论目前仍有较高的认可度和较广泛的应用。但该理论对核心能力的分析尚停留在概括性和一般性层面，缺乏细化和具体的界定和阐述。这一缺点限制了其在管理实践中的应用广度和深度。企业在构建竞争优势的过程中，若仅遵循一个模糊的核心能力原则，仍缺乏可操作性的路径和体系。核心能力是静态的，能带来竞争优势；核心能力在相对稳定的环境中能够使企业获得持久的竞争优势。在动态的经营环境中，核心能力所获得的竞争优势可能会随着环境的变化而消失，或者出现"能力刚性"而使企业竞争优势丧失，即核心能力存在着"核心刚性"或"能力陷阱"（Volberda, 1998）。因此，核心能力理论为企业经营者提供了战略管理的方向，但其也有一定的局限性。

20世纪90年代出现了动态能力理论。Teece等学者（1992）提出了动态能力的观点，作为一种全新的能力观点，其一经提出就引起了学术界的普遍重视。受到核心能力理论和资源基础观的启发，Teece等学者（1997）提出了动态能力观，他们认为动态能力是指企业整合、建立和重构企业内外部能力并适应环境快速变化的能力。Subba Narasimha（2001）提出了基于动态能力"知识创新论"的竞争优势概念，在他看来，动态能力具有产生多样化业务知识的特性，在此背景下企业能够根据环境动态变化来研发产品和创新服务，从而夯实其竞争优势的基础。从本质上讲，动态能力表现出一种动态的非均衡状态，在动态复杂竞争环境中不断培养、开发、运用、维护和扬弃某种能力，通过不断创新而获得一连串短暂的竞争优势，从而从整体上体现出企业的可持续竞争优势。然而也有学者对动态能力提出质疑，如Helfat和Peteraf（2003）认为企业能力自身能够适应变化，不需要"动态能力"作为中介。而有些学者则认为具有较强动态能力的企业，能够及时洞察外部环境的变化，并根据市场的变化及时调整企业的资源和能力，从而克服核心能力刚性。

四、竞争战略理论

竞争战略理论基于产业结构的视角研究企业的战略问题，最早起源于新古典经济学的 SCP 范式，后来在此基础上由美国哈佛大学教授波特进行了完善，形成了定位理论。外生论包括新古典经济学和产业结构学派的观点，外生论强调了外部环境、行业的结构特性对企业经营绩效和战略制定的重要影响。在传统的 SCP 分析框架的基础上，波特的五力模型和三种通用战略能够帮助企业更好地分析行业竞争环境并制定出适合企业自身的竞争战略。SCP分析范式不仅在理论上有效地推动了产业组织理论的发展，而且在实践上为美国政府所采用，对反托拉斯法的制定具有巨大的作用。但 SCP 范式也存在不足，不能解释为什么处于相同行业中，有的企业具有竞争优势而有的却不具有竞争优势。外生论在解释竞争优势的过程中，作为单独的要素已逐渐被淡化了，越来越多的研究从内生论的观点来解释企业竞争优势的来源和影响因素。

波特把产业组织理论的概念及其相关研究方法引入战略管理领域，以产业组织理论的梅森—贝恩范式为基础研究企业的竞争优势，提出了竞争战略理论。波特的竞争战略理论在 20 世纪 80 年代居于企业战略理论的主流地位。波特认为，企业的竞争优势表现为获得高于产业平均水平的盈利率。为系统识别和分析具体企业的竞争优势，波特创造性地提出了"价值链"（Value Chain）的概念。所谓价值链是指企业在生产中一系列有显著差别而又相互联系的活动的集合，竞争者价值链之间的差异是竞争优势的一个关键，通过有差异性的价值链的活动，企业以比竞争对手更低的成本完成必要的活动，或者以增加顾客"价值"的特定方式完成某些活动并使企业具备索取较高价格的能力，获得低成本优势或者差异化优势。然而，研究视角的偏差使波特不能对企业竞争优势的来源给予科学而精确的解释。波特认为，企业的竞争优势源于企业所处的产业结构和企业在该产业中的相对市场位势。产业结构决定企业盈利的可获得性和可持续性，而相对市场位势决定企业盈利能力的高低。

在波特看来，产业结构强烈地影响着竞争规则的确立及竞争战略的形成。决定一个企业盈利能力的首要的和根本的因素是产业的吸引力，而产业的吸引力又取决于该产业的五种竞争力量，即新竞争者的进入、替代品的威胁、买方的讨价还价能力、卖方的讨价还价能力和现有竞争者之间的竞争。波特认为企业的定位决定了它的盈利能力是高于还是低于产业的平均水平，在某种正常盈利率的产业结构中，占据相对于竞争对手更高市场位势的企业就会获得竞争优势，从而获得成功。企业的市场位势取决于其各项职能活动的效率，一个企业的销售、生产、控制、财务和其他许多活动对于其竞争优势都起着一定的作用。

在对产业结构和企业定位分析的基础上，波特提出，企业竞争优势有两种基本形式：成本领先和差异化。企业获得竞争优势有三个基本战略：成本领先、差异化和集中化。集中化战略又有两种变形，即成本集中和企业集中。企业通过其战略对五种竞争力量发生影响，进而影响到产业结构，甚至改变某些竞争规则，从而获得竞争优势。波特认为，一种基本战略的持久性要求企业具有增加战略模仿困难的壁垒，如果存在某些进入或模仿障碍或移动壁垒（如规模经济、范围经济、产品差异、学习或经验效应、资本需求、转换成本和政府政策等），那么，企业竞争优势就能够持久，成为持续竞争优势。持续竞争优势是企业长期维持高于产业平均水平盈利率的根本基础。

五、行为理论

行为理论主要关注组织与员工之间相互依赖的角色关系。战略人力资源管理的行为理论观点认为，人力资源实务是为了诱导或控制员工的态度与行为，员工行为是战略及组织绩效的中介变项。不同态度和行为需求取决于不同的组织特性及经营战略。由此得出的结论是，在战略人力资源管理系统中，组织的人力资源实务会随着不同的人员态度和行为而发生变化。组织通过提供相关机会，激励员工按照组织所期望的行为努力；员工通过识别公司所预期的结果，具备所需要的技能。组织和员工的行为相互作用，最终达到组织所期望的结果。Fisher（1989）和Schuler（1989）认为，不同的组织战略所需的员工行为也不相同。Cappelli和Singh（1992）主张，企业战略人力资源管理的行为观点具有三个基本前提假设：①特定的组织战略需要一组特定的员工态度与行为来执行；②员工的态度与行为若能契合组织战略，则组织绩效将获得改善；③独特的员工态度行为是一组特定的人力资源管理措施所产生的。因此行为观点所关注的是如何借由人力资源管理措施来影响员工行为，使其符合组织的系统因素，如组织战略与产业特性等（Jackson和Schuler，1995）。在此前提下，行为观点认为，组织可以设计出能够有效支持组织战略的人力资源管理措施（Kanmoche，1994）。Scheler和Jackson（1987）指出，为了影响员工行为，必须采取不同的人力资源管理措施，不同组织战略所需的员工行为并不相同。Delery和Doty（1996）的研究指出，员工行为是能力与动机的函数，组织可通过人力资源管理措施来确保雇佣到具有组织所需能力的员工，并加以留任；同时亦可训练与激励员工，使其行为与组织的策略及目标相互一致。此外，组织要想成功地执行战略以达成目标，则需要通过奖酬与绩效评估等人力资源管理措施来影响员工的态度与行为（Jacksonetal，1989；Schuler，Jackson，1987；Wright，McMahan，1992）。Huselid和Becher（1997）、MacDuffie（1995）、Schuler和Jackson（1987）、Schuler和McMillan（1984）、Wright和McMahan（1992）等学者认为，员工行为是组织绩效和人力资源管理措施之间的中介变量，同时认为组织可通过人力资源管理措施来影响员工行为，以增强战略的执行能力，进而提升绩效。例如，Schneider和Bowen（1985）的研究发现，人力资源管理措施对员工行为的影响可导致较佳的服务品质。奖酬和训练等人力资源管理措施能够影响员工行为，由此产生比较好的顾客满意度（Johnson，1996）。而Wright等学者（1999）的研究亦发现，绩效评估与奖酬制度对员工的动机与行为有显著影响，进而由此改善组织绩效。根据以上讨论可知，行为观点的人力资源管理的主要焦点是在既定的组织战略下，确认执行组织战略所需的员工态度与行为，并据此设计出能够产生此种员工态度与行为的人力资源管理措施，形成核心能力和竞争优势。

行为理论的人力资源管理的理论贡献主要体现在以下三个方面：首先，该理论强调各类人力资源管理实践会产生不同的员工行为，由此为战略人力资源管理的构型研究提供一定依据；其次，该理论强调不同的战略需要相应的差异化行为，其指向性明确，为后续研究提供了新角度；最后，该理论确立了"组织战略——战略人力资源管理——员工行为——企业绩效"的机制链条，这为战略人力资源管理作用的黑箱探索开拓了新的思路。Schuler 和 Jackson（1987）认为，作为员工行为与组织绩效的中间变量，人力资源管理实践应该有计划、有意识地引导员工态度并控制员工行为，从而更好地实现组织战略目标。Miles 和 Snow（1984）也认为，组织的人力资源管理实践活动必须随着组织战略目标的改变而调整，因为组织要实现既定目标，就必须通过人力资源管理实践有针对性地培养员工相应的工作态度、工作行为及工作技能。因此，有效的人力资源管理实践能够使员工行为符合组织预期并实现组织目标。

第二节　战略人力资源管理的相关研究

一、战略人力资源管理的发展

战略人力资源管理的理论研究，经历了从人事管理到人力资源管理、从人力资源管理到战略人力资源管理的发展过程。

20世纪初，在"科学管理"的理论框架中开辟了人事管理的研究，在"科学管理之父"泰罗为代表的管理思想的指引下，逐渐形成了人事管理的理论体系。人事管理注重员工的招聘选择、岗位分配、岗位职责、工作职能设计以及薪酬设计等，其管理思想是将员工视为一种简单的劳动力或单纯的劳动要素，尚未把这种劳动要素上升为人力资源或人力资本的层次加以认知。

20世纪中期之后，以著名管理学家德鲁克为代表的一批学者提出了"人力资源"的概念，实现了从人事管理到人力资源管理的理论研究转变。德鲁克（Peter F.Drucker, 1954）在《管理的实践》中首次提出了"人力资源"的概念。在他看来，组织中的管理职能包括对员工和工作的管理、对企业管理者的管理以及对经营业务的管理，其中"员工"是"人力资源"。1958年，E.Wight Bake 最早提出了人力资源管理职能的概念。对成功的企业经营而言，人力资源管理职能包括人际关系、人事行政管理、工作和劳动关系管理等，它如同财务、会计、营销和生产管理一样重要。E.Wight Bake认为，人力资源管理的核心是"提高组织生产率"，同时，所有管理人员的责任是人力资源管理工作。Raymond E.Mile 认为员工的知识和经验是组织财富，因此组织应该充分利用这些财富，并让员工充分参与企业活动，同时组织应该关心员工幸福和利益，提高决策质量，促进决策质量和员工的自我控制。1965年，Raymond E.Miles 提出了"人力资源模型"（Human Resources Model）的概念。人力资源管理将员工视为一种资本要素和资本形态，注重人力资源的开发即员工技能培训、员工素质提升、员工自我控制能力与创造能力的培育等，强调人际关系、工作关系的协调，注重通过激发员工的工作主动性、自我提升能力与创造能力，提高企业组织的经营效率。

20世纪80年代以来，进入一般性人力资源管理上升为战略人力资源管理的研究阶段。1981年Devanna、Fombram和Tichy在《人力资源管理：一个战略观》一文中分析了人力资源与企业战略的关系；1984年，Beer等人在《管理人力资本》一书中提出了"战略人力资源管理"的概念，标志着战略人力资源管理理论的诞生。Wright和McMahan（1992）提出了资源基础理论的观点，这一观点是企业通过人力资源管理获得竞争优势的理论基础。Becher和Huselid（1998）论述了一个人力资源价值链模型，分析了一个良好的人力资源管理实践最终导致较高组织绩效的一系列相关产出活动所组成的价值增殖过程，同时在企业经营管理系统中勾画了人力资源管理的作用机制。根据资源基础理论，Boxall（1996）认为人力资源优势是由人力资源整合过程和人力资本优势所组成的，这一优势是企业持续竞争优势的来源。相对于传统的人力资源管理，战略人力资源管理定位于为实现企业的战略发展目标，对人力资源进行的一系列有计划的战略部署和战略管理行为，即将人力资源管理置于企业发展目标的框架中予以战略思考与安排。战略人力资源管理是指在企业总体战略框架下对人力资源价值进行开发、规划、控制、监测和提升，以实现企业战略目标的管理过程与管理行为。

二、战略人力资源管理的构面研究

战略人力资源管理将人力资源与企业战略紧密联系起来，将人力资源视为一种企业获取竞争优势的核心资源，强调通过人力资源规划、人力资源激励、人力资源价值提升，获得与企业战略目标、战略重点、战略步骤、战略措施相匹配的人力资源配置，以此推动企业在实现战略目标的过程中形成并保持竞争优势。在战略人力资源管理的理论体系中，战略人力资源是一种特殊的人力资本，具有独特的核心知识、技能与能力，内含独特的价值与功能，处于企业战略安排与战略系统中的重要岗位与关键部位，对于推动企业战略目标的实现具有重要价值并发挥特殊功能。与一般性的人力资源相比，战略人力资源具有较高程度的稀缺性、专用性和不可替代性，它处于企业战略系统中并与企业战略目标相契合，在企业战略系统中形成完整的人力资源组织建构，形成人力资源组织的整体协同效应。与传统的人力资源管理不同，战略人力资源管理认为人力资源是决定企业经营成败的关键因素，是决定企业能否取得竞争优势的核心资源，其主要职能是根据企业内外环境的动态变化，进行人力资源规划与配置，参与企业战略实施过程，塑造企业核心竞争力，推动企业战略目标的顺利实现。战略人力资源管理的主要内容包括人力资源规划、人力资源配置、人力资源开发、人力资源提升、人力资源价值评价、人力资源价值创造等。

聂会平（2012）强调了战略人力资源柔性的两个构面（人力资源系统柔性和人力资本柔性）对企业组织绩效产生的正向积极作用，面对竞争压力和持续变化的内外部环境，企业不得不加强柔性能力的培育。如果企业能够具有适应竞争变化和内外部环境的人力资源柔性能力，就可以有效改善绩效水平。当企业将不同的战略人力资源管理政策组合成为一个系统后，就会产生很强的路径依赖性、嵌入性和模糊性，从而具有了成为核心资源的性质（朱腾，2011）。分析人力资源战略的专用性和价值性，有助于找出不同人力资源类型与不同的人力资源管理系统的匹配关系，企业通过能力和资源的动态匹配来获得持续的竞争优势。刘新梅、王文隆（2013）认为，组织创造力和承诺型人力资源管理实践之间存在显著的正相关性关系。纪晓丽、周兴驰（2012）为战略人力资源管理的契合问题总结了四种重要的基本契合模式，结果发现高新企业中战略人力资源管理契合结构对企业人力资源管理效能和企业组织绩效有显著的正向影响，且对后两者的关系有加强调节作用。

三、战略人力资源管理与企业绩效的关系研究

王惠慧（2012）发现企业组织绩效和战略人力资源管理存在显著的相关性，但是战略人力资源管理各维度对企业组织绩效具有不同的影响作用，具体来说，员工配置和选择的影响最为显著，随之是培训发展以及业务报酬，管理参与对企业组织绩效没有产生显著影响。将各个要素整合在一起研究其对企业组织绩效的重要作用很有必要，由此可以建立战略人力资源管理整合模型，只有这些因素整合到一起成为一个统一的整体，才能更加有效地提升企业组织绩效。在对战略人力资源管理概念进行系统梳理的基础上，邢会、高素英、张金、张艳丽（2010）提出一个整合匹配、柔性和员工态度与行为的模型，为企业组织通过战略人力资源管理提升绩效提供理论依据。孙锐、李树文、顾琴轩（2018）从企业生命周期的视角出发，对中国400余家科技型企业的调查问卷进行分析，结果发现：决策参与在战略人力资源管理与企业组织创新绩效间不起中介作用，但在企业发展期起部分中介作用；同时，外部互动在战略人力资源管理与企业组织创新绩效间起部分中介作用，并且在科技型企业初创期与发展期均不起中介作用，在成熟期起部分中介作用；外部互动与决策参与交互影响企业组织创新绩效，在"高互动—高参

与"组合下，企业组织创新绩效较高；最后，双元环境在企业发展期与成熟期起显著调节作用，但在企业初创期不起显著调节效应，对战略人力资源管理与企业组织创新绩效间具有正向调节作用。研究结果揭示了组织学习一致性对企业组织创新绩效影响的匹配效应，以及双元环境在企业组织不同发展阶段的资源转化进程中的协同效应。为了深化战略人力资源管理对企业绩效作用机制的认识，苗慧、宋典（2010）以人力资本为中介变量，实证探究了企业市场型战略人力资源管理和培育型战略人力资源管理对企业绩效的影响路径，结果发现，市场型战略人力资源管理模式虽然可以给企业带来价值，但却无法使企业形成核心竞争力，而只有培育型战略人力资源管理模式才能给企业带来竞争优势。因此，在此情况下，除了坚持以内部劳动力市场培育为导向的战略人力资源管理模式外，企业还应该坚持和实施内部雇员晋升机制，同时对于企业而言，构建长期竞争优势的关键是进行广泛的员工培训和开发，实施员工参与管理等战略人力资源管理策略。

战略人力资源管理各维度对市场导向有显著影响，即战略人力资源管理的程度越高，市场导向的程度就越高，因此员工选择和配置能够促进和维持企业的市场导向。根据赵曙明、孙秀丽（2016）的研究可知，战略人力资源管理在企业绩效和CEO变革型领导行为之间起到了部分中介作用，人力资源部门的HRM能力对CEO的变革型领导行为与企业绩效之间的关系以及战略人力资源管理的中介效应都起到了正向调节作用。唐贵瑶、陈扬、于冰洁、魏立群（2016）实证分析了战略人力资源管理措施对新产品开发绩效的影响及其作用机理。基于资源基础论的观点，相关研究结果表明，公司创业在新产品开发绩效与战略人力资源管理的关系中起到了中介作用；战略人力资源管理对新产品开发绩效具有显著的正向影响；创业导向正向调节战略人力资源管理与公司创业之间的关系。陈万思、姚圣娟、丁珏（2013）认为，战略人力资源管理效能对企业组织创新存在显著的正向影响；组织学习对企业组织创新存在显著的正向影响。孙瑜、于桂兰、梁潇杰（2018）认为，战略人力资源管理对个体工作绩效存在显著的跨层次正向预测效果，对劳资双赢和员工参与氛围存在显著的正向预测效果；劳动关系氛围各维度对个体工作绩效均存在显著的跨层次预测效果，劳资双赢、员工参与氛围起到了部分跨层次中介作用，但战略人力资源管理对劳资对立氛围的影响以及劳资对立氛围的跨层次中介作用未能得到支持。宋典、汪晓媛、张伟炜（2013）指出，由于个体认知差异等原因，即使是同样的人力资源（HRM）实践，员工的解释也会不尽一致，员工的心理和行为就更难以保证一致，HRM对企业组织绩效的提升作用也就难以保证。为了保证员工心理和行为的相似性，HRM就必须具备独特性、一致性、共同性等特征，在企业组织内部形成强HRM氛围，此方面的研究被称为过程型HRM理论范式。尽管过程型HRM研究范式是对先前内容型HRM理论的一种突破与补充，然而企业必须保证人力资源管理实践能提升企业组织绩效，同时在管理实践过程中保持人力资源管理与企业绩效两个方面的"平衡"，忽视任何一个方面都会使企业的人力资源管理系统难以发挥自身的效能。李杰义、周丹丹、闫静波（2018）运用462份来自江浙沪地区的装备制造企业的样本数据检验了战略人力资源管理对企业绩效的作用机制，同时将战略导向与人力资源管理系统（HRMS）的匹配模型运用到战略人力资源管理的研究领域中。研究发现：①合作型HRMS或承诺型HRMS均对创业导向具有正向影响，而市场型HRMS或控制型HRMS均对市场导向具有正向影响；②合作型HRMS或承诺型HRMS与创业导向的两条匹配路径分别对企业绩效具有正向影响，但环境不确定性在这两种匹配与企业绩效关系中都不具有调节作用；③市场型HRMS或控制型HRMS与市场导向的两条匹配路径分别对企业绩效具有正向影响，且环境不确定性在这两种匹配与企业绩效的关系中具有强化作用。其研究结果丰富了人力资源管理与战略管理的交叉融合研究，为推进基于权变观的人力资源管理实践对企业组织绩效作用机制的理论观点提供了经验证据，也为战略人力资源管理在不确定性环境中的应用提供了重要启示。

四、战略人力资源管理与企业竞争优势的关系研究

毛娜、宋合义、谭乐（2010）等人认为，在不同的社会经济环境中和不同的战略指导下，企业可以采用各种各样的人力资源管理模式对企业竞争优

势产生截然不同的影响，同时综述了战略、环境和人力资源管理之间的"匹配"关系。丁静（2011）认为能力来源于资源，能力的形成过程实际上就是各种资源整合的过程，企业的智力资本是企业能力产生的基础，而人力资源管理系统不仅直接对企业能力产生作用，还通过影响智力资本形成企业能力决定企业竞争力。朱瑜、王小霏、孙楠、李云健（2014）建构了组织复原力关系、个体复原力和战略人力资源管理的模型，并同时对它们进行系统论证，由此指出战略人力资源管理促进组织复原力提升的关键是在关键要素之间进行匹配。企业为了寻求更好的发展，就必须以智力资本增值为基础和以知识管理为核心，通过组织学习方式，重视人力资源管理，从而使企业不断整合和重构内外部能力，形成竞争优势。李键（2010）认为，战略人力资源管理强调将企业战略和人力资源管理活动联系在一起，从而帮助企业获得一定的竞争优势。人力资源管理部门的主要负责人员必须被赋予法定的职权，使他们可以根据企业环境变化情况，及时提供战略性的人力资源配备方案，并让各个职能部门协同运作和密切配合，保证实际执行和有效实施战略人力资源管理。另外，人力资源管理部门的负责人应该直接参与企业重大战略决策，明确战略目标，这样做有利于企业人力资源战略规划与整个企业战略进行有效整合和衔接，从而提升企业竞争能力。

五、战略人力资源管理的优化策略研究

王雅洁、马树强、高素英（2013）认为，环境不确定性、组织目标和重视员工这三种因素对外资企业、国有企业和民营企业没有产生显著性差异；同时，环境不确定性在不同行业中则有显著差异，而组织目标和重视员工在企业的行业属性上亦不存在显著差异。丛龙峰、杨斌（2012）提出了战略人力资源管理的最终成果是提供面向战略形成的组织能力的观点。战略人力资源管理活动的管理对象并非面向人，而是面向组织，是使组织中的工作具有意义，使组织中的人承担责任，使组织内的信息畅通；同时，在管理过程中，把握战略形成的VSR各机制之间的相互影响，把握组织的灵活性与稳定性的两难，战略人力资源管理活动的最终成果是提供面向战略形成与演化

的组织能力，在该意义上，战略人力资源管理应在战略形成的过程中做出贡献，人力资源管理部门应该成为面向战略形成与组织能力的方法论专家。陈梦媛、唐贵瑶（2016）基于高阶理论和资源基础理论，研究了面向高管的战略人力资源管理系统对公司创业的影响，以及高管团队效能感和人力资源管理强度在以上关系中所起的中介和调节作用。实证结果表明，面向高管的战略人力资源管理系统对公司创业具有显著的正向影响，高管团队效能感在这一影响过程中起着部分中介作用，人力资源管理强度则在其中起着正向调节作用。熊立、谢奉军（2015）强调，应建立一个广泛适用的概念性匹配模型将人力资源管理系统和组织战略关联起来，同时分析了不同战略态势下的人力资源系统构成差异，并设计相应的具体匹配策略，基于复合层面进行系统对外与战略的垂直匹配以及人力资源管理系统活动内部之间的水平匹配；管理实践者应该设计匹配的人力资源系统，并从权变的视角看待人力资源管理对企业组织绩效的战略性影响。管理学学者可通过案例或实证研究对此概念性全方位匹配系统进行验证，更精确地认知和掌握组织权变设计理论与人力资源管理理论。靳勇（2011）认为，企业培育核心竞争力的关键是有效获得和保持人才优势，从人力资源规划、培训开发、职位管理、薪酬管理和绩效管理等方面构建一种战略人力资源管理体系，这一管理体系必须符合企业战略的实际需要。解勇（2010）认为，企业的网络背景要求企业善于利用社会网络，建构企业声誉、信誉和主动把握合作的先机，要求在企业人力资源管理中融入一些新元素，来帮助企业锻造新的更强的核心竞争力。李智（2013）认为，应从心理资本理论出发思考企业的人力资源管理理念、政策、计划、实务、流程五个方面，以优化人力资源管理体系；作为企业中的重要资源，社会资本和人力资本联系密切又相互促进，两者共同维系了企业的生存和发展。根据孙锐（2014）的研究可知，注重绩效、合理授权、广泛培训、推动职业发展、决策参与和提供支持性薪酬福利等战略人力资源管理实践，会通过作用于组织创新氛围来推动研发人员创新，换言之，以组织创新氛围为中介可以产生上述作用。这一观点对于如何发挥组织人力资源管理要素的协同作用，营造积极的组织创新气氛，推动科技人才创新具有一定的指导意义。胡欣（2017）认为，在未来的理论研究方向中，战略人力资源管理理论可能会朝着以下几个方面发展：第一，战略人力资源管理可能将更多关注组织实施的具体策略；第二，因为经济全球化和跨国公司的增加，战略人力资源管理将更多涉及跨文化的人力资源管理；第三，在实施战略人力资源管理的过程中，企业的管理层与员工将增强对战略人力资源管理实施的影响程度；第四，将进一步丰富和拓展战略人力资源管理的理论模型。孙锐、李树文（2019）的研究表明，研发型企业战略人力资源管理包括有效报偿、严格甄选、注重绩效评估、合理授权、职业发展和内部晋升等内容，并且这六个维度都会对企业创新产生正向影响。其中，外部平衡式环境在严格甄选、职业发展四个维度与企业创新的关系之间起正向调节作用，低能平衡式环境在内部晋升与企业创新绩效之间起负向调节作用；高能平衡式环境在企业创新绩效和内部晋升关系之间起正向调节作用。

第三节　企业竞争优势相关研究

一、企业竞争优势的衡量

英国经济学家 Chamberlin 于 1939 年首次提出了"竞争优势"的概念，随后这一概念被引入企业战略管理领域，直到 1980 年之后得到战略管理学者波特的关注与推广，目前已经成为战略管理研究的焦点之一。近十年来，国内学者对于企业竞争问题的研究主要集中于企业竞争优势的形成机制，同时从外部环境、企业能力和组织特征三个方面分析了如何形成企业竞争优势。本研究在第一节里总结了企业能力理论的主要观点，企业能力理论对于如何获取企业竞争优势的解释受到了越来越多的企业家与学者们的重视。实际上，企业能力理论与竞争优势理论两者在研究上有很大的关联程度，通常认为，拥有企业能力是获得竞争优势的来源，而竞争优势的获得正是拥有企业能力的表现。通过回顾现有研究，企业竞争优势的衡量指标主要有四个方面，即财务绩效、顾客价值、组织绩效、价值创造。

（1）财务绩效。国内外很多学者认为财务绩效可以用来衡量企业竞争优势。常用指标既包括产品获利、企业利润总额、股东价值增值，又包括投资报酬率（ROI）、获利率、营业额成长率（SG）、净资产收益率（ROE）、销售收益率（ROS）、资产报酬率和每股收益率。Reed 和 Defillippi（1990）认为竞争优势是用来衡量企业优越的绩效，可用 ROA 来衡量。Conner（1991）认为竞争优势就是高于平均收益，而高收益来源于产品差异化和与同行竞争者相比的更低成本。面临竞争压力的企业能使其获得较高的 ROI，就是具有竞争优势（Pitta，Snow，1986）。Robert C. Higgin 等学者（1998）认为，竞争优势可用公司销售额预期增长的最大比率与实际增长比率之间的差额衡量，差额越小，表明企业基于财务资源的可持续竞争优势水平越高。王连森（2007）认为，企业目标是成长性、生存性以及相关者综合利益。生存性、成长性的目的是获利性，生存性是成长性的基础和前提，更大范围的成长性必须以获利性为基础和前提，因此获利性居于中心地位，可作为企业竞争优势的重要衡量指标。Zajac Kraatz 和 Bresser（2000）明确指出，企业竞争优势的评价指标是企业财务绩效。Zahra 和 Covin（1995）指出，单一指标销售报酬率具有不错的评估效果，能充当技术战略和企业战略的评估指标。Wiggins 和 Ruefli（2002）认为，既然竞争优势是用以衡量企业优越的绩效，那么连续高于行业平均资产报酬率才叫优越绩效，才有持续竞争优势。

（2）顾客价值。现有关于竞争战略的研究文献表明，创造并提供优异顾客价值是企业在竞争性市场上，坚持顾客导向、获得竞争优势的必然选择（Day，1990），只有为顾客创造良好的顾客价值才能获得成功，否则就会遭受失败（Morgan，2001）。企业客户越来越多的原因是企业能给客户传递比竞争对手更多的价值（Day，1990；Gale，1994；Potler，1980），所以顾客价值是竞争优势研究的一个核心概念。波特（1980）认为，竞争优势主要是因为企业能给顾客创造价值，企业持久竞争优势包括竞争者与企业之间的竞争、企业价值创造能力与客户价值创造能力，在市场上最直接的表现是顾客价值创造能力的竞争。耿帅（2005）认为，在日趋激烈的市场竞争中，为客户创造更多价值的企业才能占据市场竞争的优势地位。总而言之，只有当各种优势转化为顾客价值优势并且能动地生成和保持这种优势时，企业核心竞争力的持久保持才是可实现的目标。换言之，顾客价值优势才是企业生存与发展的关键优势。

（3）组织绩效。不少学者认为可以用多个指标表征的组织绩效来衡量企业竞争优势，包括市场（非财务）绩效与财务绩效等，这些绩效通常能反映企业经营全貌，并且它们之间具有较好的一致性。Bharadwaj 等（1993）、Mazzarol 和 Soutar（1999）建议用财务绩效（如投资报酬率、股东价值增值等与市场绩效如市场份额、顾客满意等）体现的组织效能来衡量企业竞争优势。Kaplan 和 Norton（1996）利用平衡记分卡，从企业内部流程、财务、顾客以及学习与成长四个方面来衡量组织经营绩效和企业竞争优势。项保华（2007）提出，企业持续竞争优势体现在三个方面：顾客价值、组织绩效以及竞争能力。Helfat 等（2007）认为，动态能力所引致的持续优势主要表现为演化性匹配，而这种演化性匹配又包括顾客需求、技术匹配与竞争状况三个方面。技术匹配反映了企业当前的生存能力，顾客需求决定了企业未来优势获取，竞争状况则说明了企业在行业中的相对位势。姜加宏（206）认为，无论是何种类型的企业，财务指标都占据着业绩考核中举足轻重的位置，而组织效能又是企业施行战略管理所必须关注的，因此竞争优势应将二者兼而顾之。

（4）价值创造。一些学者认为价值创造可以用来衡量企业的竞争优势。Donald N. Sull 和 Martin Escobari（2004）在其论文 *Creating Value in an Unpredictable World*（《在不可预测的世界中创造价值》）中陈述了价值创造理论，同时认为，为了获得竞争优势，企业必须在创造价值方面比竞争对手做得更好。王湛、赵王标（2001）认为，不创造价值企业就无法生存，要获得竞争优势，企业不仅要创造价值，而且要创造比竞争对手更多的价值，从而取得竞争的优势。David Beshako等学者（1991）主张，应该利用价值创造（即生产者利润和消费者剩余之和）的多少来衡量企业竞争优势的强弱。

二、企业能力与竞争优势的关系研究

张根明、陈才（2010）首先关注了企业家能力，将企业家纳入企业竞争优势的研究范畴，由此提出了企业家能力的衡量体系。同时，分析了企业家的配置资源能力、发现机会能力、创新能力、承担风险能力、学习能力以及整合资源能力与企业竞争优势的关系，建立了企业家能力对企业竞争优势影响的理论模型，深入解析了企业竞争优势的影响因素差异以及不同所有制的企业中企业家能力的差异。简兆权、刘荣、何紫薇（2011）认为，企业组织吸收能力对动态能力、整合能力、可持续竞争优势有显著的直接正向影响；企业组织的动态能力对可持续竞争优势有显著的直接正向影响；企业组织整合能力对动态能力有显著的直接正向影响；企业组织的整合能力对可持续竞争优势没有显著的直接正向影响。在动态竞争环境下，企业获取竞争优势的基本范式是可持续地保持企业成长发展能力，特别是保持强烈的学习吸收能力、感知塑造能力以及整合重构能力，只有这样才能在动态多变的环境下赢得一系列可持续的竞争优势。董保宝、葛宝山、王侃（2011）发现，动态能力在企业外部资源识别过程以及与竞争优势的关系中起到了完全的中介作用，而它在企业的资源配置过程与竞争优势的关系中起到了部分中介作用，打开了从资源到竞争优势的黑箱。潘宏亮、杨晨（2010）探讨了创新绩效、关系网络和吸收能力与竞争优势之间的相互作用机理。研究结果表明，关系网络与创新绩效有显著的正相关关系；吸收能力与创新绩效有显著的正相关关系；创新绩效与竞争优势有显著的正相关关系。董保宝、李白杨（2014）认为，学习导向对动态能力具有显著的正向影响，而对竞争优势的影响并不明显；动态能力明显地影响到竞争优势的持续性，且在学习导向和竞争优势之间扮演了桥梁作用。白景坤（2014）基于机会逻辑，整合了关于动态能力的多种观点，提炼出动态能力由组织和战略过程中具有递进关系的搜寻惯例、选择惯例和重构惯例构成的观点，认为持续竞争优势的形成既是组织学习驱动动态能力演化的过程，也是通过动态能力持续改变资源与能力基础、识别和把握机会、重构运营惯例的过程，作为持续竞争优势的来源，动态能力是变化环境下组织能力的共性要求，存在跨企业的"最佳实践"，其作用发挥需以崇尚学习和创新的组织文化、知识治理导向的组织体制和高度柔性的组织结构为保证。江积海、刘敏（2014）认为，能力演化速度、能力广度、能力交互度和能力深度，能够通过竞争优势的作用影响环境动荡性和企业绩效与动态能力之间的关系。马鸿佳、宋春华、葛宝山（2015）认为，在没有调节因素时，即兴能力和动态能力都与企业竞争优势呈现正相关关系；在引入环境动态性这一调节变量后，样本被分为"低动态环境"和"高动态环境"两组。在"低动态环境"下，即兴能力与动态能力均对竞争优势有正向的影响作用，但相比于即兴能力而言，动态能力起到主要影响作用；在"高动态环境"下，即兴能力在提升企业竞争优势方面起到了主要作用，动态能力对企业竞争优势的作用不显著。王建军、昝冬平（2015）将危机管理引入动态能力领域，基于危机管理的四个阶段，将动态能力划分为四个维度，即创新能力、学习能力、感知能力、整合能力，通过构建危机管理、动态能力与企业竞争优势的关系模型，揭示了动态能力在应对企业危机过程中重塑企业竞争优势的内在机理。理论界关于企业能力理论的相关研究，阐明了尚未被广泛关注的动态能力的重要性，在实践中也对企业战略管理有一定参考价值，企业在注重能力培育的同时，不能忽视动态能力的战略功能。动态能力通过对企业资源配置方式以及运作能力进行提升而使企业获取竞争优势，被提升了的与环境相匹配的企业资源配置方式和运作能力是企业持续保持竞争优势的基础。

三、组织特征与企业竞争优势的形成

肖鹏、王爱梅等人（2010）提出了社会资本和竞争优势之间关系的假设模型，发现中小企业社会资本对知识共享与创造具有显著的正向影响；中小企业社会资本不仅直接影响智力资本，还通过知识共享与创造间接影响企

业智力资本；智力资本在知识共享与创造和竞争优势之间起到了完全中介作用。尹碧波、张国安（2010）认为，企业能力理论与企业知识理论是在探索企业竞争优势源泉的过程中形成和发展起来的，是以组织资源为基础的企业竞争优势理论的发展阶段，而不是一般所认为的是与以组织资源为基础的企业竞争优势理论并行的两个理论。汪金祥、廖慧艳、吴世农（2014）指出，从竞争优势来源看，以成长性为目标的企业可通过开发人力资源、增加现金持有量和加大研发投入提高竞争优势；以营利性为目标的企业可通过产品差异化、提升品牌商誉、开发人力资源、增加现金持有量和加大研发投入提高竞争优势；以获取综合优势为目标的企业可通过产品差异化、提升品牌商誉和加大研发投入提高竞争优势。具有竞争优势的企业可为投资者带来股票超额回报，其中以综合指标度量的竞争优势不仅能显著提高本期回报，还能提高下期股票超额回报。曹芳萍、温玲玉、蔡明达（2012）发现，绿色管理对企业形象和竞争优势的影响都达到了显著水平，企业形象在竞争优势和绿色管理之间的影响关系中呈现部分中介模式。董保宝、周晓月（2015）认为，组织网络合作性和开放性对竞争优势的构建具有重要价值，而网络关注度对竞争优势的作用机制不明显，创业能力的机会能力维度对上述关系的调节效应也呈现出相异性，即机会能力强的新企业，其网络关注度和开放性对竞争优势的作用更加明显，而网络合作性对竞争优势的作用却被抑制了，但创业能力的运营管理能力维度对网络导向与竞争优势的关系无显著的调节作用。王婧、吴贵生、汪涛（2018）认为，所有制对不同类型企业的资源、动态能力和竞争优势的影响路径和传导机制存在差异，并且在不同所有制下，动态能力均起到部分中介作用，中介作用的强度从大到小依次是国有企业、民营企业、事业组织。高洋、葛宝山、蒋大可（2017）认为，组织惯例更新是组织学习的结果，惯例更新在适度的外部环境下对竞争优势产生了积极影响，惯例修正行为在高度变化的外部环境下也对竞争优势产生积极影响，但对竞争优势没有显著影响；惯例创造行为对竞争优势产生负面影响，在此情况下，动态能力并不是竞争优势的直接来源。

第四节　动态能力的相关研究

一、动态能力的研究框架

Teeceetal（1997）认为，企业的竞争优势来源于独特的组织和管理流程，形成于企业独特的资产位势，来自企业所采用的变革路径。企业优势及发展决定了动态能力的产生，因此，企业优势、管理流程和变革路径构成了动态能力的三维战略分析框架体系。此框架体系结合了演化学派理论、组织学习及资源基础观对于企业资源与能力的关注，指出在环境快速变化的情况下，企业组织的动态能力是竞争优势的来源。Teece等学者所提出来的关于动态能力的分析框架无法解释其形成的内在机理，同时在解释企业持续竞争优势时，动态能力观点也存在一定的局限。Eisenhardt和Martin（2000）认为，动态能力是动态适应环境的能力，由此推动企业具有适应环境的能力，从而形成企业的竞争优势。需要注意的是，动态能力具有同义反复性以及难操作性，由此造成了竞争优势与动态能力之间的同义反复。另外，整合观是从功能的角度对动态能力进行界定的，而对其性质却没有深入的研究，致使学术界对动态能力的理解存在很多分歧。熊胜绪（2011）认为，企业战略管理的核心不是识别和利用企业现有的核心能力，而是创新企业的核心能力和竞争优势。该学者根据动态能力理论的能力观，揭示了动态能力理论对资源学派战略管理思想的新发展，认为企业能力的创新应当突破路径依赖性，战略管理应突破企业的纵向与横向边界，通过整合企业内外资源构建新的核心能力；战略管理应当把构建知识整合机制和消除组织学习的障碍，作为保持企业持续竞争优势的重要手段，而企业的持续竞争优势来自动态能力。冯军政、魏江（2011）首先对国外现有的动态能力概念研究进行了综述，认为基于能力阶层理论和组织惯例理论界定的动态能力概念比较清晰和明确；然后对动态能力的维度划分和测量研究进行了综述，认为认知维度甚至态度维度是动态能力概念体系构建需要进一步深入研究的方向，同时，合并型多维概念的构建和测量将逐渐被采纳。王菁娜、王亚江、韩静（2010）引入知识基础观，尝试从理论上揭示动态能力不同演化阶段的关键子能力，包括整合能力、学习能力、吸收能力和创新能力等，进而利用实证分析检验动态能力的关键要素，发现整合能力、吸收能力以及学习能力与理论框架的维度具有一致性，而创新能力的维度则被进一步划分为技术创新能力和管理创新能力两个因子。唐孝文、刘敦虎、肖一进（2015）强调，影响战略转型的主要因素是转型实施、转型动因、转型准备、转型整合、动态能力及其相互之间的关系。刘刚、刘静（2013）认为，企业可以从四大维度，即协调整合能力、学习能力、感知能力和创新变革能力来测量动态能力，研究发现，环境动态性对动态能力与企业非财务绩效的影响具有调节作用，而动态能力及其维度能力与企业的财务绩效、非财务绩效都存在正向相关关系，只有明确各因素之间的相互影响和作用才能有效实施企业转型。动态能力贯穿于企业转型的全过程，能够使企业抓住机遇，有效整合资源，顺利推进转型。企业转型的关键在于具备能够抓住转型关键因素的动态能力。

二、动态能力的形成

Lavie（2006）和Pablo等学者（2007）认为，动态能力涉及大量认知的、管理的与操作的成本，动态能力的获得需要企业管理人员付出大量的时间和精力，如果管理人员没有觉察到企业形势，他们可能不支持动态能力的培养。Teece等学者（1997）认为，动态能力是处理快速动态变化环境所必须具备的能力。Eisenhardt和Martin（2000）认为，动态能力可用来适应变化的环境，在此环境下，动态能力是具体的、可分析的、稳定的、可预测产出的过程，企业环境的外部因素主要包括产业变化情况、外部环境特征和路径依赖等，动态能力在快速变化的环境中具有不可预测性和隐含性，这意味着动态能力会随着不确定性和变动性等外部环境的特征而发生变化。因此，Aragon Correa和harma（2003）认为应该用权变的观点分析动态能力，并根据外部环境的特征来确定动态能力的运用。他们认为，产业变化速度这一外生变量对每个公司的影响不同，因为不同企业的觉察力不同，同时，路径依赖也是动态能力的一个重要影响因素。Madhoc 和 Osegowitsch（2000）通过对国际生物行业的实证研究表明，路径依赖是动态能力形成的一个重要现象，母公司所在国对公司历史的形成具有重要影响，路径与位置影响了企业动态能力的形成。Winter（2003）认为，动态能力形成与运用的权变要素是产业变化速度，企业内部的影响因素主要包括管理人员支持、位置与路径以及社会资本、领导能力、组织信任等。许多学者如 Adner 和 Helfat（2003）、Eisenhardt 和 Martin（2000）、Helfat 等（2007）、Tripsas 和 Gavetti（2000）认为，高层经理在不同形式的动态能力形成过程中发挥了关键作用，高层经理是推动企业动态能力塑造与提升的主要因素。Harreld 等学者（2007）指出，发挥动态能力的实践作用是企业经理职能的一个主要方面，经理人员应该完成两个任务：一是必须能够准确感知竞争环境的变化，包括技术、服务、顾客需求与竞争规则的潜在转换；二是必须能够抓住机会，通过资源重组来应对竞争环境的变化。完成这些任务依赖于经理人员的动机、技能与经验积累。Eisenhardt 和 Martin（2000）认为，动态能力的形成和创造在企业学习机制的路径依赖影响下能够得到有效促进，在动态能力的演化过程中，企业的学习与创新能力十分重要。Zollo 和 Winter（2002）指出，"知识演化循环"能够改变企业的行为方式，动态能力来源于隐性知识的积累以及显性知识的表达与传播。Lavie（2006）指出，企业的现有资源无论多么复杂、模糊、分散或独立，都会对动态能力的形成产生积极影响。Blyler 和 Coff（2003）指出，企业个体间的内外部社会联系等社会资本是动态能力整合、获取以及释放资源的基本元素。Rosenbloom（2000）认为，领导能力即制定与突破承诺、冒险、创造组织学习型文化等能力，是动态能力形成的驱动因素。Salvato（2003）强调，领导能力在企业动态能力形成与演化的过程中具有关键作用。Pablo 等学者（2007）以证据表明，除了领导能力之外，信任也是动态能力的驱动因素之一，认为领导能力与信任在创建组织学习氛围、配置与创造资源中均发挥了重要作用。徐震（2007）认为，企业资源主要在四个方面对动态能力的形成与提升产生积极的影响，主要包括交易成本、协同效用、弹性专精、外部经济（规模经济、范围经济）。企业资源在上述四个方面的变化发展中提升企业能力，其中核心能力的获得使得企业经营规模扩大，进而需要发展组织能力与资金资源支持；企业获得更大的发展空间并可容纳更大的市场风险，从而能够提升企业价值并实现价值创新。在此基础上，企业进一步整合内外部资源以获取新的核心能力，从而进入下一个循环。在上述过程中，嵌入在各项活动中的企业动态能力，包括资源整合、机会辨析、市场开拓、组织学习等能力得以形成并发展。从总体上说，内部资源、环境机会、成长能力以及外部资源是形成企业动态能力的关键要素（罗永泰、吴树桐，2009）。张军、张素平、许庆瑞（2012）认为，动态能力的核心是以环境动态为参照与匹配目标，企业系统地产生并修改其运营惯例以寻求改善效果的能力。因此，感知环境动态变化并对其进行有效响应是企业动态能力构建的关键。他们以"感知—响应"模型为研究框架，采用案例研究方法，观察企业从感知环境动态变化到做出有效响应之间的过程，探索企业动态能力构建的管理与组织过程。刘立娜、于渤（2019）的研究发现了后发企业动态能力的微观基础，是由利用式动态能力和探索式动态能力两个维度以及每个维度下特定的过程和惯例构成，后发企业动态能力的形成是知识和组织惯例互动演化的结果，在知识和组织惯例互动演化的过程中，后发企业动态能力呈现出利用式动态能力向探索式动态能力演进的规律。Zollo 和 Winter（2002）认为，动态能力的演化过程就是组织学习过程，而学习包括相对被动的经验性学习过程（经验积累）和相对主动的、深度的认知性学习过程，因此深度学习与动态能力演化之间有紧密的联系。在中等变化的市场中，决定动态能力演化的是一些经常性的、小幅的、相关的变异。企业通过内部产生或外部联盟获取或转移信息，积累显性与隐性知识，通过不断的试验进行组织变革与技术变革，培养持续学习与不断改善的潜力，通过动态性惯例的开发，培育企业专用技能或特殊能力。上述三种学习方式实际上是企业系统整合与元学习的过程，在此过程中，动态核心能力得以不断开发与演化提升。Lei、Hitt 和 Bettis（1996）提出了动态核心能力的概念，认为提升动态核心能力的关键是元学习以及战略框架。Helfat 和 Raubitschedk（2000）认为，企业动态能力的形成与提升过程也是知识形成的动态过程，由此提出了一个"知识、能力和产品共同演进"模型，动态能力的形成与演化主要与主动的学习过程相关，知识形成是半自动的经验积累和主动的学习过程，同时动态能力的演变也受到市场环境变化程度的影响，在快速变化的市场环境中，决定动态能力演化的是管理层的主动选择而不是变异。Eisenhardt 和 Martin（2000）指出，企业动态能力的演变机制主要是企业的持续学习与创新。崔瑜、焦豪（2009）认为，企业动态能力的提升在于企业不断生成新的运营操作能力，而运营操作能力的生成在于企业进行的不同层次的学习，包括个体层次的知识获取学习、群体层次的知识传播复制与组织层次的知识制度化学习，不同层次的学习交替进行。由此，分析了基于学习理论的企业动态能力的提升机制，包括提升动力、提升基础、提升路径等构成要素。

三、动态能力的直接作用机制研究

张雪平（2012）认为知识是企业动态能力的根本来源，并提出了坚持战略管理的知识导向、注重知识的协调运用、注重知识向能力的转化、注重知识联盟的实践、构建知识创造的动力机制等一系列通过知识管理提升动态能力的对策。徐召红、杨蕙馨（2013）通过分析企业竞争优势与动态能力之间的关系和作用机理，阐述了现有研究的进展及不足。首先，动态能力的内涵和构成尚不明确；其次，动态能力的衡量存在分歧；再次，有些结论缺少实证研究的支持。动态能力难以准确度量，在一定程度上造成了理论研究和实证研究的分离，难以指导企业的实践活动。刘井建（2011）认为，组织柔性变量、环境响应和技术柔性都对企业成长绩效和经营绩效产生了影响，环境动态性调节了动态能力与创新企业绩效各维度之间的关系，经营绩效具有中介效应。蒋蓉（2013）在对家族企业动态能力发展状态分析的基础上，基于企业动态能力理论建立了家族企业竞争力构造模型，并描述了企业竞争优势波浪式演进曲线，同时分析阐述了家族企业可持续发展过程中需要解决好企业核心刚性"创造性破除"运行保障体制构建、企业动态能力体系构建、企业文化建设与品牌战略、企业传承与接班人培养等战略问题。吴航（2015）认为，机会识别能力和机会利用能力能够提升企业创新绩效，同时，企业技术导向、市场导向均正向调节机会识别能力、机会利用能力与创新绩效之间的关系。江积海、刘敏（2014）认为，能力交互度、能力深度、能力演化速度和能力广度，能够通过竞争优势机制影响企业绩效，环境动荡性能调节企业绩效与动态能力。邹建辉、陈德智（2020）强调动态能力对企业绩效有显著的正向影响，并且对创新绩效的正向影响大于对财务绩效的正向影响；文化类型、行业类别和企业规模在二者关系中有显著的调节作用。吴航（2016）认为，较强的动态能力对于企业创新来说至关重要，企业一方面可以不断识别外部机会和调整组织结构来推动企业创新发展进程，同时企业持续不断的外部整合过程还能够提升企业内部利用机会的能力。张伟、郭立宏、张武康（2018）认为，企业经营创新可划分为业态组合和业态整合，二者对企业竞争优势培育具有显著的正向影响，企业动态能力正向调节企业经营创新对竞争优势的影响；服务柔性能力和组织柔性能力对业态经营与企业竞争优势均有显著的正向调节作用，业态整合的影响作用更强；机会识别能力对业态组合与企业竞争优势关系的作用更突出，而整合重构能力对业态整合与企业竞争优势关系的作用更突出。代文彬、慕静等人（2017）认为，企业交流是企业在动态复杂环境中获取竞争优势的重要工具，动态能力在企业交流管理中起核心驱动作用。在战略层面上，企业应通过交流资源的认知、创建、整合和重构，适时调整和设计符合环境变化要求的企业战略、文化与交流战略；在操作层面上，企业应通过组织结构的支撑和信息技术的保障，促进内外部交流的有效执行与相互衔接，推动企业交流战略的实施与实现。企业交流影响企业动态能力，企业动态能力影响企业竞争优势。

四、动态能力的中介作用机制研究

董保宝（2012）认为，动态能力在网络强度、网络密度与竞争优势之间具有完全的中介作用，而在网络中心度与竞争优势之间具有部分的中介作用。曾萍、邓腾智、宋铁波（2013）指出，社会资本不能直接促进企业创新，但社会资本可以通过动态能力作为完全的中介变量，间接地促进企业创新。杜小民、高洋等人（2015）首先对传统动态能力理论进行了系统追溯，指出了现有理论存在的对立性，并找到了新的调和方式，在此基础上，以战略与创业融合的新视角进一步探究了动态能力的本质属性，并从资源和机会要素匹配的作用层面对动态能力进行了体系构建，最终揭示了新视角下的动态能力衍生机理以及动态能力对于企业战略与竞争优势的中介作用。董保宝、葛宝山、王侃（2011）首次将资源基础观和动态能力观整合到一个研究框架下，构建了全新的理论模型，并以结构方程模型对调查问卷进行了实证分析，发现动态能力在企业外部资源获取过程与竞争优势的关系中起到了完全中介作用，而在企业的资源配置过程与竞争优势的关系中起到了部分中介作用，同时认为不同维度的社会资本通过动态能力间接地影响到企业的创新程度。董保宝、李白杨（2014）认为，学习导向对动态能力具有显著的影响，而对竞争优势的影响并不直接；动态能力明显地影响到竞争优势的持续性，并且在学习导向与竞争优势之间发挥了桥梁作用。

第三章

战略人力资源管理影响
企业竞争优势的机制分析

第一节　战略人力资源管理对企业竞争优势的直接影响机制

一、通过核心人力资源建立竞争优势

市场竞争归根到底是人才的竞争。一个企业的科技创新能力、产品制造能力、市场营销能力、反应能力、组织管理能力以及服务能力的大小，都取决于企业人力资源的状况。战略人力资源管理将人力资源纳入企业的战略目标，通过合理配置企业人力资源，利用一系列的人力资源管理工具（如招聘、培训、激励等），调动员工积极性，发挥员工潜能，最终确保企业战略目标的实现。从根本上讲，企业竞争优势的培育过程实质上就是企业员工各种能力的成长与提升过程，通过提升人力资源的素质与能力形成并提高企业的核心竞争力，从而实现企业的可持续发展。

依靠核心人力资源建立竞争优势是战略人力资源管理的基本特征。在传统的企业管理思维中，并未将人力资源视为企业经营战略的关键因素，以为人力资源管理虽然对企业发展具有至关重要的作用，但人力资源的所有特性未必能形成竞争优势，因此没有把人力资源管理看成是企业经营战略的组成部分。事实上，对于现代企业而言，获取竞争优势的重要源泉是有效的战略人力资源管理。Wright、McMahair 和 McWilliams（1994）认为竞争者很容易模仿人力资源管理，因此传统的人力资源管理实践不能形成竞争优势，若要形成竞争优势，企业必须拥有具备高技能水平与高激励性的劳动力，由此才能对企业组织产生有益的行为，进而形成竞争优势。Lado 和 Wilson（1994）也指出，唯有战略人力资源管理才能形成独特的、协同作用的核心人力资源能力，而传统的人力资源管理会造成可模仿性，不足以形成企业竞争优势，

唯有战略人力资源管理才能实现人力资源与企业战略的互补与依赖，使企业战略与人力资源管理在现代企业管理中的关系越来越紧密，这样才可能不被竞争者所模仿。战略人力资源管理强调经营战略与人力资源管理之间的相互依存关系，认为高质量的核心人力资源能够使企业获取竞争优势。因此，战略人力资源管理应该更加重视员工技能的提升、员工知识的积累与更新、员工信念的确立和员工行为的规范。在制定企业经营战略时，首先应该考虑战略环境和人力资源状况，将人力资源因素放在首要位置。

核心人力资源是在企业经营发展过程和企业战略推进过程中发挥关键作用的人力资源，包括企业中高层管理者、技术研发与技术管理者、关键工作岗位的骨干等。通过核心人力资源建立企业竞争优势主要表现为：第一，核心人力资源能够及时识别和判断企业内外环境的变化，并根据环境的变化及时发现市场机会，对企业经营战略进行适时调整，从而保持企业战略的稳步推进；第二，在推进企业战略的过程中，核心人力资源能够不断地整合和优化企业内部的各种资源，发挥资源整合与优化的协同效应与整体功能，从而形成企业的核心能力；第三，在企业战略实施和推进的过程中，核心人力资源能够根据市场竞争的格局与需要不断推动企业的创新，包括技术创新、企业体制创新、组织结构创新、管理模式创新、运行机制创新、营销服务创新、企业文化创新等，通过不断地创新保持企业在市场竞争中的领先地位；第四，基于企业的创新，在与竞争者的横向比较和竞争中，核心人力资源通过对竞争环境的心理认知、心理感悟形成经营发展理念，在产品与服务上建立和创造差异化，从而形成企业的自我个性，由此确立企业的竞争优势。

二、战略人力资源的特性决定竞争优势

战略人力资源管理塑造了企业人力资源的稀缺性、价值性、难以模仿性、不可替代性等特性，战略人力资源的这些特性直接决定了企业竞争优势。人力资源是现代企业的核心资源之一，根据资源基础论的观点，只有当人力资源及其能力具有稀缺性和难以模仿性时，企业的人力资源才能转化为独特的企业能力。Hitt等学者（2001）研究了人力资源对企业竞争力的影

响，并认为高技能和经验丰富的高层次人力资源才具有不可替代性、价值性、稀缺性以及难以模仿性。Lepak和Snell（1999）指出，企业竞争优势与卓越组织绩效的唯一来源是具有异质性特征的战略人力资源，企业的战略人力资源投资会为企业带来持续的竞争优势。国内外许多学者认为，战略人力资源特性本身就决定了企业的竞争优势。

首先是稀缺性，战略人力资源的稀缺性分为隐性稀缺和显性稀缺，企业的人力资源管理系统具有独特性，为个别企业所专有，不同企业在开发与管理人力资源方面具有差异性，由此造成了战略人力资源的稀缺性。其次是价值性，战略人力资源能为企业创造独特的价值，在提高效率、降低成本，推动技术创新、管理创新、新产品开发和市场开发等方面能够超越竞争对手。再次是不可模仿性，战略人力资源的不可模仿性根源于无形的模仿障碍，异质性人力资源是由企业意会性的经验、做法和知识培育的，企业通过长期的实践才形成了这些经验、做法和知识，由此培育和形成的人力资源是企业的专有资本，具有独特的自我个性，难以被其他企业所模仿。最后是不可替代性，在企业经营和战略实施的过程中，包含着各种要素和资源，在各种要素和资源的协同运营中，战略人力资源处于核心地位，对于推动企业运营和企业战略发挥着其他资源无法替代的功能和作用。战略人力资源的上述四个方面的特性，通过人力资源的心理、观念与技能的转化，造就了企业特有的研发能力、生产能力、运营能力、管理能力、应变能力、创新能力、文化能力、市场开发能力、营销服务能力和外部关系处理能力。在这个企业能力体系中，又通过一系列互补的核心资源与能力的整合与凝练，进一步形成企业的核心能力，企业的核心能力决定了企业在市场上的竞争优势。

三、战略人力资源管理影响竞争优势的路径

目前理论界的研究证明，在企业经营管理实践中，战略人力资源管理从根本上影响并决定着企业的竞争优势。侯春明（2016）认为，战略人力资源管理在企业经营发展中居于中心地位，通过有效实施人力资源管理的方法能够直接影响竞争优势。朱玥腾（2017）认为，战略人力资源管理影响企

业竞争优势以及企业组织绩效的路径，最重要的是员工的工作态度和工作行为，除此之外还有企业的文化建设、组织建设以及管理信息系统建设等。孙国旗（2011）认为，战略人力资源管理影响企业竞争优势的主要路径是企业的创新活动，竞争对手在财务管理、生产作业系统、销售服务以及质量控制等方面能够模仿其他企业，但在由人力资源开发管理形成的创新理念、创新行为等方面却难以如法炮制，因此战略人力资源管理对建立和维持企业竞争优势具有重要价值。庞学思（2015）认为，战略人力资源管理对企业竞争优势的影响路径主要体现在：一是能够帮助企业招聘到符合企业战略需要的人才；二是通过人力资源管理可以对现有的员工进行在岗培训，以此提高他们的劳动技能，缩小员工自身技能与工作岗位要求的差距；三是通过绩效管理能够帮助企业制定完善的绩效考核与薪酬体系，从而吸引和激励优秀的人才。战略人力资源管理通过增强企业核心能力，使企业不断适应市场需求的变化，不断开发新产品，不断创造顾客价值，形成竞争优势。梁菊（2010）认为，完善企业培训体系、建立多样化的长效激励机制、转变人力资源管理的观念、构建人力资源管理体系、加快人力资源管理者的培养，是战略人力资源管理影响企业竞争优势的基本路径。田结合（2017）认为，完善的人力资源管理战略可以提高企业员工的创新能力，从而使企业的核心竞争力得到提高，而不再仅仅依靠降低产品成本或者提高产品质量等传统手段来提升企业竞争优势。企业实施人力资源管理战略，不仅可以通过科学的方式选择企业需要的人才，培养促进企业持续发展的人才，还可以根据企业的发展需要，培训员工的职业技能，使企业的生产经营管理更加完善。另外，企业实施正确的人力资源管理战略，还有利于企业从外部吸引更多的高素质人才，使企业的竞争优势不断增加。石径溪（2019）认为，人才战略直接影响了企业运行中招聘的发布、员工的选拔培训以及公司的薪资发布等涉及企业支出的重要部分，对于服务性行业来说，这一部分支出所占比重很高，所以通过将人力资源战略应用到企业竞争战略中，合理地对员工结构进行优化、对员工的支出进行合理分配，可以在最大程度上起到节约成本的作用。齐亚宁（2013）认为，人力资源管理实践的系统化是构成企业竞争优势的关键，人力资源战略是企业创造竞争优势的基础，企业的核心工作是增强人力资源管理的专业化，如果我们将企业效益与员工表现相联系，那么企业的生产经营能力取决于员工工作能力的大小，而企业的综合竞争能力则依赖于员工的素质与技能。在分析了企业竞争优势与战略人力资源管理之间的关系后，张弘达（2019）得出的结论是：战略人力资源管理能够增进企业的整体绩效，促进企业生产经营的顺利实施，以及满足企业发展战略的实际需要；战略人力资源管理能够将企业战略与人力资源管理进行有效结合，从而使企业产生聚焦优势、增值优势、速度优势以及成本优势。

综上所述，从总体上进行分析和概括，战略人力资源管理影响企业竞争优势的基本路径是：战略导向、系统化的人力资源管理体系，不断提高管理者和员工的整体素质与技能，由此培育和提升企业的创新能力，通过创新活动形成企业的核心能力与动态能力，由核心能力与动态能力决定企业的竞争优势。

第二节　战略人力资源管理对企业竞争优势的间接影响机制

一、战略人力资源管理对动态能力的影响

战略人力资源管理对于企业竞争优势的间接影响一直是个"黑箱"问题，为了弄清楚从战略人力资源管理到企业竞争优势的影响路径，学者们做了大量的研究，很多学者将研究视角集中于动态能力。本研究选取动态能力作为影响路径上的传导中介，力图勾画出战略人力资源管理影响动态能力，然后通过动态能力来影响企业竞争优势的路径，力求破解这个"黑箱"问题。

战略人力资源管理的重点是推动和形成企业的动态能力。根据 Teece 等学者的定义，动态能力是指企业在适应快速变化的环境的过程中，根据战略需要不断获取、整合、配置企业内外部资源，实现持续发展的能力。刘飞、简兆权（2010）主张建立一个分析框架以开展动态能力的研究，该分析框架包括位置、流程以及路径。其中，流程是最基础的部分，而路径和位置必须要通过流程才能发生作用。企业流程是以人为载体的，一定的流程要求企业员工做出一定的行为。员工都拥有一定的知识技能，企业能力主要表现为企业利用组织人力资源来获得企业产出的过程。Eisenhardt 和 Martin（2000）认为，动态能力是使用资源来适应变化甚至是创造市场变化的过程，尤其是整合、获取、重组和废弃资源的过程。在同一个企业组织内，Lepak 和 Snell（2000）利用不同的人力资源独特性和员工价值来对应各种各样的人力资源管理系统，构建了不同的人力资源战略模型，该模型为研究企业的能力、员工的技能、人力资源管理系统之间的相互作用关系提供了一个工具（朱伟民，2007）。

企业动态能力提升的基础是战略人力资源管理。Barney 和 Wright（1998）认为组织能力的改进措施是采取系统性的人力资源策略，企业人力资源策略能促进企业动态能力的形成与提升。本研究认为，动态能力能够适应和应对企业内外部环境的变化，动态能力包括感知能力、整合能力和重构能力，战略人力资源管理通过对这三种能力的促进来提升企业的动态能力。在感知能力、整合能力和重构能力三者之间的关系中，感知能力是最基础、最重要的能力。有学者认为，感知能力是指企业通过寻找、探索和适应环境的方式，响应市场变动的机会以及威胁的能力。有学者指出，企业领导者和员工通过处理信息来促进组织学习的过程就是感知过程，而企业的领导者和员工要分享来自不同企业的信息，才能推进市场感知活动。作为一种识别和认知能力，感知能力必须要分析自身条件和外部环境，从而更好地找出自身的不足和机会，同时分析和比较各种可能的战略选择，由此做出正确的决策。还有学者认为，企业拥有的具备较高工作技能、创造能力和解决问题能力的管理人才有助于提升企业的感知能力。越丰富的企业人力资源就越可能客观且合理地判断市场变化所带来的机会或威胁，由此制定更有效的企业战略。企业战略人力资源通过组织内部业务流程和管理流程适时引进新的理念，提高感知机会并抓住机会的能力，通过完善的人力资源管理系统使企业员工能够紧跟现代经济发展的潮流，保证企业能够敏锐地察觉市场需求的变化、竞争格局的变化以及现代科技的发展趋势，从而根据环境的变化合理地配置企业资源。企业的一切战略和行动都是从市场感知开始的，企业必须能够敏锐地察觉内外环境的变化，提高市场感知能力，保证企业能够采取有效的战略行动。

战略人力资源管理策略能够在动态环境的战略选择下为企业动态能力的提升提供广阔的空间。MacDuffie（1995）强调企业能适应动荡的环境，主要是因为企业员工掌握了大量的技能。Snow 和 Snell（1993）认为，要雇佣那些具备创造价值潜力的员工来构建组织能力，以应对环境变化的冲击，在应对环境变化的过程中塑造企业发展能力。张钢和许庆瑞（1996）强调，合理的组织结构和人力资源管理有助于协调企业内部各部门之间的行动，从而形成动态能力，保障企业更好地实施一系列创新项目。Wright 和 Snell（1998）认为，可以从以下三个方面来构建组织动态能力：一是提高员工队伍的技能多样性；二是建立可以快速实施的人力资源管理系统；三是提高员工行为的柔性。总之，企业内部应该形成良好的学习、交流、转化和创新的文化氛围，使每位员工都能够自发地进行创造性活动，同时，企业应该建立有效的激励机制，充分调动员工参与创新活动的积极性。企业内部的学习交流、知识转化越多，信息的沟通就越顺畅，企业就越有可能快速提供适应市场需求的新产品或新服务，从而提升动态能力。此外，战略人力资源管理的有关策略，如员工招聘、配置、考评、晋升、薪酬设计、职业生涯设计等是企业人力资源不断重新配置与整合的重要手段，对企业动态能力的提升具有明显的促进作用。人力资源管理过程中的招聘和解聘意味着更新和重构企业的人力资源，同时也是更新和重构企业资源与能力的过程，当企业环境发生变化时，企业应该根据环境的变化及时更新组织的资源，不断塑造企业的发展能力。设计与企业战略目标相匹配的人力资源管理策略，推动员工采取企业所需要的重构行为，由此形成企业整体的动态能力。企业及其员工的重构行为体现的是一种变革与创新能力，通过不断地变革与创新来提升企业的动态能力。

二、动态能力对企业竞争优势的影响

动态能力影响企业竞争优势是学术界的一种共识。Griffith 和 Harvey（2006）认为，动态能力提高了企业的竞争优势，它是一种难以模仿的资源组合和创造能力。Teece（2007）认为，在快速变化的环境中，动态能力是企业获取竞争优势的基石。根据 Teece 等学者的研究，Lee 等学者（2002）认为，动态能力是快速变化的熊彼特式的体制下可持续竞争优势的一种来源，而 Zott（2003）的研究表明，改变企业的资源集合、操作管理和操作能力会使动态能力对企业组织的绩效产生间接影响。Cepeda 和 Vera（2007）认为，如果一个企业有动态能力，那么它一定表现良好；如果企业表现良好，那么它应该拥有动态能力。董保宝等（2011）和李大元等（2009）均实证研究了动态能力和竞争优势之间的关系，并得出了动态能力对竞争优势有正向效应的研究结论。其中，董保宝等人（2011）将资源整合分为资源获取和资源配置两个方面，认为二者均对动态能力有正向促进作用，进而正向影响企业竞争优势的建立。有关学者在研究动态能力对企业竞争优势的影响时指出，动态能力是管理者用来改变其资源基础和开发新的价值创造的组织与战略能力，动态能力在非线性和不可预测性的竞争环境下是持续竞争优势的来源，环境不确定性是动态能力的驱动因素，通过引入环境不确定性因素，动态能力正向影响了企业的持续竞争优势。多数学者认为，无论在低环境动荡性还是在高环境动荡性的情境中，动态能力对企业竞争优势均具有很强的解释能力。本研究认为，感知能力、整合能力、重构能力是构成动态能力的三个维度，各个维度都有利于企业竞争优势的形成。

感知能力在动态环境下能促使企业有效地获取和配置资源，从而响应不断变化的环境，进而有利于构建和维持企业竞争优势。Teece（2007）对机会感知能力的性质及其微观基础进行了具体的描述，认为在快节奏、全球化

的竞争环境下，顾客需求、技术机会和竞争者行为的不断变化，为新进入企业和在位企业打开了新的机会窗口，感知能力强的企业往往能更好地获取、传播、利用各种市场信息，更好地理解客户需求，并转化为创新要素，促进更多独特技术的产生；感知能力能更好地识别和捕捉到新兴的市场机会，减少新产品、新技术的开发时间和成本，对市场需求和市场变化做出快速反应，降低市场风险，从而给企业创造良好的绩效，同时也能够更好地进行目标市场细分与定位，赢得更多的合作与交易等市场机会，增强企业利用市场机会的主动性与倾向性，在不断变化的环境中创造机会，以赢得技术和产业的未来发展。国内学者的相关研究也印证了同样的观点，企业的感知能力越强，就越能更好地理解创新行为的潜在价值，进而能够在获得相关的知识存量之后，做出正确的创新行为决策。机会感知能力有利于企业超越组织的现有经验与认知的局限，获取"认知远距型"的新技术和新知识，进而开拓新的产品序列和市场领域。另外，机会感知能力能够帮助企业在广阔的外部环境中获取知识和信息，并在组织边界内转化和传递信息和知识，由此识别和迎接新的创新机遇。

整合能力对企业竞争优势的形成发挥着显著的促进作用。整合能力是指企业为了创造新的更高的价值而对现有资源进行有效组合的能力。Teece和Pisano（1994）总结了不同学者对资源整合能力的定义，认为虽然现有定义的语言表达不同，如资源"组合""整合""协调"等，但都表达了对现有资源进行重新配置以获取更高价值的意蕴，因此可以统一称为资源整合能力。Teece（2007）提出，整合能力是组织对独立的子系统进行联结的能力，资源整合的有效性对企业的成功起到了至关重要的作用，企业只有通过资源整合才能有效地识别现有资源的内在价值，从而创造新的价值。学者们普遍认为，整合能力对企业竞争优势的形成具有越来越重要的作用，它构成企业持续竞争优势的来源，在整合能力的作用下，企业能够更新现有的战略和资源基础来适应环境的变化，整合能力强的企业将拥有更多的创新机会和能力，同时能够构建起扎实的核心能力以形成持续竞争优势。与此同时，如果企业具有良好的整合能力，就能够更好地将不同领域的知识信息等资源整合到企业的创新活动中，并将潜在机会转化为企业优势，促进新产品和技术的创新，使企业快速适应市场需求而获得竞争优势。此外，企业通过整合能力也能将知识更为完整、全面、充分地嵌入和应用于企业的创新活动中，促进企业的知识创造与学习机制的协同运行，在提高企业学习能力的同时，不断促进和提升企业的创新能力。

重构能力是企业获取持续竞争优势的动力。企业需要重构或变换现有的资源来应对竞争环境并适应市场的需求，因此企业要获得超越竞争对手的优势，就需要开发出高效率的流程来重构或变换企业的资源。重构能力是企业为了重新配置资源而必须实现组织结构转变的能力，这种能力是动态能力的核心能力之一。与整合能力相比，组织重构能力更强调对环境的适应，在资源要素的配置上需要克服组织原有的结构惯性。Amit 和 Schoemaker（1993）指出，组织重构能力依赖企业对自身资源和能力的了解，需要克服现有组织惯性和路径依赖，以实现资源整合和流程再造。根据国内外学者的相关研究，企业需要不断进行组织变革，更好地适应外部环境的变化。企业的变革能力是指企业为了创造更高的价值和获得更多的经济利益，重新组合与变革组织结构和资源的能力，变革能力也就是重构能力。因此，当企业相对于竞争对手而言具有较强的变革能力与重构能力时，企业将在市场竞争中占据优势地位。Teece（2007）认为，在环境动态变化的情境下，企业持续赢利的关键是根据技术和市场变化重组和重构已有的资源和组织结构，如克服认知限制和偏见、对组织结构和组织惯例进行重新设计等，如果企业强烈抵制组织变革，就会造成企业的衰败。Tushman（2008）指出，为了增强和提升企业的重构能力，管理者需要具有设计组织系统的能力、激励并对组织结构进行重新设计的能力、对不同单元的优势资源进行不断整合的能力。Kimberly和Quinn（2004）认为，组织重构能力可以通过调整、定位和改造三种方式提高企业的经营绩效。调整是根据市场需求的变化，收缩或扩张原有的产品线，创新产品与服务，重新界定目标顾客群；定位是重新界定企业的核心业务流程，改变企业在供应链上所处的位置，重新建立新的组织形式，使企业资源与组织结构达到最优匹配；改造是重新定义现有流程结构，创造专业化的组织与联结机制，以增进企业价值。重构能力为企业获取资源、整合资源、流程再造、实现技术创新与制度创新以赢得竞争优势提供了保障。

三、动态能力在影响机制中的中介作用

战略人力资源管理主要通过动态能力这一中介影响企业竞争优势。动态能力在战略人力资源管理影响企业竞争优势中的中介作用表现为：一方面，战略人力资源管理通过提升管理者和员工的素质与技能，能够敏锐地感知和响应市场需求与竞争格局的变化，并根据环境变化和企业战略导向，适时地整合和重组企业资源、再造业务流程、变革和重构企业组织，从而形成企业的动态发展能力；另一方面，基于环境感知与响应的企业动态能力，以市场竞争为导向，通过对竞争格局的分析与判断，找到企业在竞争格局中的位势，并获取与竞争位势相匹配的资源与能力。在此基础上，伴随着企业动态能力的不断提升，企业的竞争优势也在不断地形成和确立。动态能力影响竞争优势的基本原理在于，在环境变化与市场竞争中，企业的竞争优势不是一种静态的表现，它本身就是动态变化的，因此，只有动态能力才能构成企业持续竞争优势的根基。

从一般意义上分析，战略人力资源管理能够有效提高企业管理者和员工的知识、技能与成长能力，通过企业组织管理系统与管理机制，将管理者与员工的知识、技能与成长能力有效转化为企业的感知能力、整合能力和重构能力，从而在总体上构建起其他企业难以模仿和复制的动态能力。动态能力能适应企业外部环境的变化，强调的是与内外环境变化的匹配性，在这一点上，动态能力与核心能力有所差异。目前，学者们关于动态能力的研究基本形成了共识，即动态能力是企业竞争优势的前因变量或驱动因素，动态能力是获取、整合、重构以及释放资源的过程，也就是资源利用与重构的过程，以此适应甚至创造市场需求。作为一种组织和战略惯例，动态能力能重新配置新资源，资源转化为竞争优势和绩效的机理与路径可以通过动态能力来实现。动态能力对竞争优势既有直接影响也有间接影响，动态能力主要

通过建立和重构运营惯例、资源位势、运营能力、实质能力、能力发展、新路径和资产基础或位势等方式影响企业竞争优势。企业资源需要动态能力的中介作用，通过动态能力对组织资源的利用与重构过程，获取企业的持续竞争优势。近年来，越来越多的研究者将动态能力理论应用于战略人力资源管理，将动态能力作为中介变量，研究和解释人力资源管理系统提升组织竞争优势与组织绩效的内在机理，力图揭示战略人力资源管理的"黑箱"，但相关研究通常针对组织对人力资源的开发管理能力，而不是人力资源的能力本身。Becker 和 Huselid（2006）将战略实施能力视为重要的动态能力，分析了其在连接差异化人力资源架构与企业绩效正向关系中的作用。Wright 等学者（2001）指出，技能获取、知识管理能力是人力资源管理系统驱动的组织动态能力，它通过释放已有员工能力和获取新员工的方式得以实现，这种能力有助于企业组织适应变化的外部环境，创造良好的绩效。还有一些学者通过对不同行业和类型企业的数据分析，论证了在人力资源开发管理对组织绩效的提升中，企业动态能力所起到的中介作用。

第三节 战略人力资源管理影响企业竞争优势的调节因素

一、环境动态性的调节作用

在关于战略人力资源管理通过动态能力影响企业竞争优势的机制与路径分析上，存在着一些调节因素并影响着动态能力的作用强度。这些调节因素不仅存在于外部的环境，也存在于内部的组织中。因此，对于产生调节作用的因素应从企业内部和外部两个方面进行分析。综合现有的研究成果，本研究从企业外部的环境动态性和企业内部的员工主动行为两个方面来分析战略人力资源管理影响企业竞争优势的调节因素，由此将两者作为调节变量。

环境动态性能够为企业提供发展机遇，如果企业能够抓住机会，则可以提高经营绩效。环境动态性是指企业所处环境随着时间的变化，在形式、内涵、状态上所表现出来的差异，是一种不断变化的、不稳定的、复杂多变的状态。动态能力在不同的环境动态性中所产生的作用不同，在动态环境中表现最为突出、影响最为显著的是技术环境的变化。Teece（2007）认为，动态能力在高技术动态性的环境中对企业起到了更加重要的作用，因为在技术变化快的环境中，企业需要持续地学习，不断地将已有的技术和新的发明进行整合。另外，有研究者提出了一个在技术变化环境下，企业利用重构能力进行应对的模型（Lavie，2006；Lin 和 Wu，2014），技术环境的动态程度决定了可能的能力配置范围和布局，当企业需要维持其能力和外部环境的一致性时，那么在动态环境中对于相关信息获取的及时性就显得尤为重要。Dreyer（2004）指出，高市场动态性通常出现在产品生命周期缩短、不断变化的客户需求以及不断加剧的竞争环境方面，在这种情况下，为了维持企业的竞争优势以及满足不断变化的客户需求，企业必须不断形成创新思维，并且不断开发新服务或新产品。由于技术环境的快速变化会带来大量的因果模糊性，拥有动态能力的企业能够更好地在快速变化的技术动态环境中引导企业及时感知技术信息的变化，对技术的革新和发展进行辨别和预判，为自身资源能力的更新变革提供准确的方向，减少技术动态性为企业发展所带来的不确定性。Eisenhardt 和 Martin（2000）的研究认为，在稳定环境下，动态能力对企业的竞争优势造成了相对较小的影响，而Achrmol（1991）认为，环境动态性增强时，环境的剧烈变化能够使企业的传统资源和能力贬值，甚至完全丧失价值；在环境相对平稳时，企业的普通能力足以让其维持生存，获得利润并保持竞争优势，在没有显著的技术进步或顾客偏好改变的情况下，动态能力所需要的维持成本很高，而在动态变化的环境中，机会很快会流逝，企业身边始终环绕着来自竞争对手的威胁，在此情况下，企业原先获得的竞争地位和稳定不变的能力无法让企业维持竞争优势，此时动态能力的作用就显得尤为重要。一般认为，在快速识别技术环境中的机会与威胁的基础上，拥有动态能力的企业可以通过较强的资源整合能力和组织变革能力对相应的技术变化进行模仿、学习和赶超。

环境动态性能够调节动态能力对于企业竞争优势的影响与作用。动态能力通过重构现有资源与组织，能够提高资源的转化效率，同时进行多样化的发明和对现有技术的快速革新，以帮助企业追赶甚至领先于瞬息万变的技术市场，在动态的技术环境中脱颖而出，实现企业绩效的提升。因此，技术环境的动态性越高，感知机会、正确选择发展方向、整合资源并进行相应组织变革的动态能力就越有价值。企业的感知能力越强，就越能增进他们对市场知识、细分市场以及顾客需求变化的理解，就越能用比竞争对手更少的时间通过较强的资源整合和组织变革能力对相关资源进行整合，甚至通过较强的组织变革能力创造出具有突破性的创新产品或服务，从而快速响应市场需求，抢占市场先机，赢得竞争优势。在市场竞争中，企业的产品与服务容易被模仿是企业的一个巨大威胁，而对市场环境感知能力强、重构能力强的企业可以不断地重新配置资源、重新规划流程，使得其他企业难以理解、难以模仿，从而保持竞争优势。

二、员工主动行为的调节作用

这里所说的"员工"是指企业中的知识员工，广义的知识员工包含了企业管理者。知识员工是战略人力资源管理的主要对象，对知识员工采取的知识传播、素质培养、技能训练、薪酬激励、观念提升、环境激发、职业生涯规划等人力资源开发与管理策略，能够激发员工的主动行为，通过员工的主动行为快速感知和响应环境动态性的变化，积极参与企业内部资源的整合过程，主动响应企业组织流程与组织结构的变革与重构，在企业战略目标导向下，不断增强工作的主动性与创造性，从而在整体上形成企业的动态能力，进而影响企业的竞争优势。毫无疑问，员工的主动行为在战略人力资源管理通过动态能力影响企业竞争优势的过程中发挥着重要的调节作用。

员工主动行为是指在战略人力资源管理策略的激发下，在企业战略目标的感召下，组织中的知识员工所表现出来的一系列自发的、自觉的、主动的工作行为。员工主动行为的构成要素主要包括：一是员工的特质，主要指由员工人格特征决定的个体工作主动性、工作责任主动履行和建言献策行为的发生程度与频率等；二是工作动机，主要指员工主动行为的心理与观念驱动因素，包括工作绩效与个人成长等方面的心理追求，这种追求使员工产生提高工作能力、强化自我控制的需求；三是员工情感，主要指员工对企业事业发展、工作环境与人际关系的心理寄托与依赖，这种情感能够开阔和活跃员工的思维，能够激发员工的工作热情与工作积极性；四是员工自我控制能力，主要指员工根据工作目标的要求，自主决定工作内容、工作进度、工作方式以获得自我效能感，并有效达成工作结果的自控状态；五是环境不确定性，主要指在不确定的工作环境中，员工敏锐觉察、自由思考、主动创造的人格特质与工作态度。通过采取战略人力资源管理策略，能够有效激发员工的主动行为。影响员工主动行为的主要因素有以下方面。第一，员工的自我效能感。在一般意义上，自我效能感指的是员工个体对自身是否有能力去完成预期工作行为的感知与判断。这种感知与判断的自信程度与组织信息反馈、个体人格特质、组织激励与人际关系密切相关。具有高度自我效能感的员工能够积极应对工作挑战，具有展示和表现自我工作能力、创造能力的内在动机。第二，工作业绩的目标导向。在工作业绩目标的驱动下，员工个体通常表现出一种积极的、主动的工作动机与工作方式，面对工作挑战保持积极进取的工作情绪，能够专注于学习能力、工作能力的不断提升，将工作目标转化为不懈努力的内生动力。第三，组织激励。主要包括企业组织提供的薪酬激励、工作环境激励、职业规划激励、个人声誉激励等，各种激励方式的相互配合与交互作用，对员工的主动行为能够产生持续的影响。第四，工作经历。员工的工作经历包含了许多个人的体验、经验和感受，也形成了一些思维方式与工作方式，有价值的工作经历对员工的主动行为能够产生积极的影响，而工作阅历较长的员工往往会形成一些固化的思维模式与工作范式，对组织变革与创新的适应性较差。

从总体上分析，科学合理的战略人力资源管理体系与策略，通过上述影响因素的正向作用，能够对员工的主动行为产生推动与促进效应。同时，员工的主动行为扩散和聚焦于企业组织的各个领域、各个方面，在其交互作用的过程中形成企业发展的整体合力，这种整体合力在企业战略推进的过程中上升为企业动态能力，而企业动态能力影响着企业的竞争优势。

第四章

战略人力资源管理对企业竞争优势影响的理论研究模型

第一节 理论研究模型核心变量的内涵与维度

一、战略人力资源管理

1.战略人力资源管理的内涵

战略人力资源管理的概念由 Devanna 在 1981 年首次提出，此后，战略人力资源管理研究经历了起始阶段、实证主义阶段、间接反思阶段、概念凝练阶段、员工中心阶段和复杂性阶段（Guest，2011），研究成果不断涌现。但是学术界关于战略人力资源管理的概念仍没有达成一致。Wright 和 McMahan（1992）将战略人力资源管理定义为达成目标而采取的一系列有计划的人力资源部署和管理活动。该定义包含四个方面：首先是人力资源的重要性，强调人力资源是企业的核心资源；其次是战略性，即人力资源管理与企业战略相契合；再次是系统性，人力资源管理是由政策、实践以及管理手段构成的系统；最后是目标性，即人力资源管理贯彻企业战略的目标导向。Schuler（1987）认为，战略人力资源管理具有五种内涵：一是组织应制定人力资源管理政策；二是组织应有人力资源管理理念；三是组织应进行人力资源规划；四是组织应实行人力资源管理实践；五是组织应制定人力资源管理程序。这五个方面的内涵与企业组织的战略性需求相互配合。Garret 和 Randal（2001）认为，战略人力资源管理必须与组织的行动和经营战略相一致，应采取的管理策略是：第一，制定组织发展战略；第二，确定人力资源管理需求；第三，制定人力资源管理政策与措施；第四，制定详尽的人力资源管理记分卡衡量指标。Garret（2013）则认为，战略人力资源管理背后的理念非常简单，组织的管理者在制定人力资源管理政策及措施时，其出发点中必须明确的是，帮助组织获得组织所需要的员工技能和行为，这些技能和行为有助于实现组织的战略目标。Martell 和 Caroll（1995）认为，战略人力资源管理具有四个特点：一是人力资源管理与战略规划之间的关联；二是战略人力资源管理的长期性；三是企业管理者参与人力资源政策制定的过程；四是人力资源管理实践与组织绩效的相关性。

关于战略人力资源管理关注的视角，比较有代表性的观点是关系论和适应性论。关系论者认为，战略人力资源管理所关注的重点是人力资源管理实践与组织绩效之间的关系问题（Storey，1992）；适应性论者则认为，战略人力资源管理强调的是人力资源管理与组织战略之间的适应性问题（Guest，1992；Walker，1992；Chadwick, Cappelli，1999）。显然，两种观点的分歧在于前者更关注人力资源管理过程与组织产出之间的关系，而后者则更关注人力资源管理与组织战略的匹配程度，研究视角的差异导致了对战略人力资源管理内涵理解的不同。我国有学者指出，现阶段国外学者对战略人力资源管理的分类是建立在假设战略目标已经明确界定基础上的静态分类，忽视了战略调整的动态性（王永龙，2003）；另有学者对"战略人力资源管理就是从战略层面考虑人力资源问题"的观点提出了看法，认为这种观点偏重于人力资源战略或人力资源规划，而非战略人力资源管理本身（许小东、孟晓斌，2006）；在某些学者看来，战略人力资源管理应该强调人力资源管理的不可替代性、系统性、战略性和目标性（李安、萧鸣政，2004）。

关于战略人力资源管理的内容界定，大致可以划分为特征导向、结果导向和综合导向三种类型。特征导向的战略人力资源管理，强调其与组织战略的一致性和匹配性，以及对组织效能的战略意义，持有这种观点的代表性学者包括 Miles 和 Snow（1984）、Guest（1989）、Ulrich 和 Lake（1991）、Compton（2009）等，这些研究者认为应该根据组织战略的匹配需要进行人力资源开发与管理。结果导向的战略人力资源管理，强调利用一系列管理实践活动组成的系统、过程与措施，使企业组织更好地形成和保持自身的竞争优势（Miller，1987；Youndt，etc，1996），进一步提升企业的经营绩效（Pfeffer，1994），更有利于组织目标和使命的实现

（Oladipo，Abdulka，2011）。综合导向的战略人力资源管理，强调将特征导向与结果导向两者的观点加以融合，认为战略人力资源管理有助于企业获得竞争优势，而实现这一战略目标的途径正是确保战略人力资源管理与经营战略的匹配性以及战略人力资源管理的内部匹配性（Wright，McMahan，1992；Truss，Gratton，1994；李广斌，2009）。综合导向的战略人力资源管理，由于兼顾了战略匹配的特征属性与战略实现的结果属性，被学者们广泛认同与运用。本研究认为，战略人力资源管理应该同时强调两个方面：一是保持各种人力资源管理实践与企业战略目标的协调一致性；二是将人力资源管理实践与组织战略管理流程相衔接，推动企业形成和确立竞争优势。

基于以上分析，本研究认为，战略人力资源管理是指在企业总体战略框架下，以企业获得竞争优势为目标，对人力资源进行开发、规划、控制和提升，以实现企业战略目标的一系列有计划的人力资源管理过程与管理行为。

2.战略人力资源管理的维度划分

维度划分指的是战略人力资源管理所包含的内容划分。Wright和McMahan（1992）将战略人力资源管理界定为组织为实现战略目标而进行的一系列有计划的人力资源管理部署和管理活动，这些管理部署和管理活动就是战略人力资源管理的内容。Pfeffer（1994）指出，战略人力资源管理包括七个方面：①内部晋升；②广泛培训；③结果导向的考评；④收益共享；⑤雇佣保证；⑥员工参与；⑦工作设计。Delery和Huselid（1996）认为，为了充分发挥这七项人力资源管理实践的功效，充分保障人力资源管理实践与企业战略之间的垂直契合以及人力资源管理实践内部的水平契合，必须发挥人力资源管理实践的综合作用。Delery和Doty（1996）认为，人力资源管理实践只包括绩效考核、雇员安全和利润分享三项。Das和Teng（1998）认为，战略人力资源管理实践通过如下五个方面可以让员工感知到心理安全，进而提升员工的组织信任：①雇佣保证；②员工参与；③薪酬与开发；④信息共享；⑤主管的直接支持。Dessler（2000）从企业管理职能的视角来阐述人力资源管理，指出人力资源管理一直是组织中最重要的管理功能之一，且在可预见的未来中，其重要性有增无减，战略人力资源管理的内容主要有：一是招募与派职，包括公平就业机会及法令、工作分析、人事规划、招募员工测验与甄选等；二是训练与发展，包括引导与技术训练、管理人员的发展、管理质量与生产力、绩效评估及职业生涯管理等；三是薪酬设计，包括薪资计划的建立、财务性的奖励、福利与服务等；四是劳雇关系，主要指劳动合同关系、工作人际关系等；五是劳工保障与安全，包括公平对待的保证、员工安全与保健等。Bowen和Ostroff（2004）认为，管理的一致性、独特性、共同性以及管理氛围是战略人力资源管理过程的四个方面。Wright等学者（2001）指出，员工培训、员工甄选、绩效评估和薪酬设计是战略人力资源管理实践系统的主要构成内容。Dyer（1988）和Schler（1989）以战略形态的分类标准为基础，进行战略人力资源管理与组织绩效关系的研究，将人力资源战略形态分为内部职业生涯机会、训练投入、雇用保障、员工参与、工作说明、利润分享及绩效评估七个维度。Huang（2001）及江微郁（2004）的研究，将战略人力资源管理分为人力资源规划、员工任用、绩效评估、薪酬管理、训练与发展、劳资关系六个维度进行实证分析。李思宏（2005）综合Freeman、Bantel和Jackson（1989）、Scott和Lisa（1994）的观点，将战略人力资源管理创新归纳为招募与甄选制度创新、训练与发展创新、绩效管理创新、薪资与福利制度创新等四个维度。蔡嘉如（2007）以及蔡涵宇（2010）则从人力资本的视角，将战略人力资源管理活动与人力资本投资直接关联，并从招募甄选、训练发展、绩效管理、薪酬制度、员工福利与劳资关系六大维度进行实证研究。约翰·伊万切维奇和赵曙明（2005）的研究表明，战略人力资源管理过程旨在获取人员、员工培训、给付报酬以及评价绩效，同时人力资源管理关注劳资关系、公平事务、工作安全以及卫生等，相关的管理内容与方法包括：人力需求计划制定、雇员招募、工作分析、招募求职者、培训新员工、雇员的献身精神、公平就业机会、提供奖励与福利、工作绩效评估、沟通（面谈、咨询、教导）、培训并开发管理者、员工健康管理与安全、处理员工的申诉与劳资关系等。汪晓媛（2012）认为战略人力资源管理实践包括六个方面：谨慎甄选、广泛培训、内部晋升、雇佣保证、激励性报酬和员工参与。刘白玉、韩小宁等（2013）认为战略人力资源管理的内容主要包括激励、人力资源规划、员工培训、员工招聘、跨文化管理以及业绩评估。加里（2013）认为，战略人力资源管理实践包括薪酬管理、员工关系、员工培训与开发、员工招募与配置等四个方面。刘善仕等（2008）认为，战略人力资源管理系统涉及八个实践项目，具体包括信息共享、员工参与、员工招聘、培训与开发、绩效评估、员工晋升、薪酬设计、工作设计与工作保障。

本研究认为，从培育企业的动态能力与竞争优势的角度进行分析，战略人力资源管理的内涵维度分别是雇佣保证、审慎甄选、内部晋升、薪酬激励、广泛培训、员工参与等。

（1）雇佣保证。稳定的雇佣关系是提升生产效率以及吸引人力资本投资的首要条件，从宏观层面讲，雇佣关系稳定有助于消除劳资冲突、平抑就业波动，为经济发展与社会稳定奠定良好基础；从企业的角度而言，雇佣保障意味着不会由于企业的原因辞退员工，更不会以裁员作为给员工施加压力的手段；从员工的角度而言，雇佣保障给予员工稳定的心理预期，并设计与员工职业生涯相匹配的晋升路径，从而给予员工在工作上以可预期的未来。

（2）谨慎甄选。人力资源是企业竞争的战略性资源，企业应重视人力资源招聘工作，根据企业发展规划，制定人才招募策略。首先，企业应该详细分析工作岗位需求，使工作岗位配置符合企业未来发展的战略需求，在此基础上谨慎地发布信息以甄选人才，同时确保应聘人才最终能符合企业的工作岗位需求；其次，面试过程应预先设计，在特定场景之下与应聘者进行接触与交流，力求全面把握应聘者的能力特征、综合素质、求职动机等，保证通过面试的应聘者符合工作岗位要求。

（3）内部晋升。内部晋升指的是从企业内部将符合要求的员工从原有岗位晋升到更高的岗位上。内部晋升是留住人才、用好人才、促进人才成长的重要策略，也是激励员工、进行组织管理的有效途径，因此战略人力资源管理的重要内容是对员工的内部晋升进行科学设计。

（4）薪酬激励。薪酬激励具有一系列特性，如全面性、规范性和系统性，它指的是以绩效考评为基础，并根据绩效考评结果支付薪酬的激励方

了动态能力观是怎样对资源基础观的局限性进行克服的，认为动态能力指的是整合、重组以及构建外部胜任力的能力，这种能力足以应对快速且不断变化的环境（Teece等，1997）。Zollo（2002）认为，动态能力是一个通过学习获得稳定的集体活动模式，由此可以系统地产生和修正其经营常规以追求效率的提高。该定义表明，动态能力是结构化和一贯性的。Eisenhardt（2000）认为，动态能力指的是为了适应环境或影响市场变化，企业使用相关资源，特别是整合、重新构建、获得或放弃资源的能力。有些学者强调，动态能力的培育是企业组织的战略常规，动态能力是一组专有的和可识别的能力，如战略决策能力、产品开发能力、市场适应能力等。

上述关于动态能力的概念性观点，对于研究企业能力理论具有一定的参考价值，但并不完善，在一定程度上存在着局限性。本研究认为，动态能力是企业通过整合和重构内部与外部资源以适应环境变化，不断形成的推动企业持续发展的能力。动态能力可以通过感知能力、整合能力和重构能力等来提升企业的创新能力，使企业不断获取新知识和新技能，有效提升经营效率，让企业在复杂、动态、不确定性的环境中获得动态的发展能力。具体来说，关于动态能力内涵的进一步阐释包括以下五个方面：第一，动态能力作为企业内部学识、吸收性学识或引进性学识有机结合的产物，强调从外部途径吸纳机会、知识和资源，动态能力由外部吸收和内部创造两部分组成。第二，动态能力是变革企业能力的能力，从本质上说，动态能力是一种开拓性的能力，强调以开拓性动力克服企业原有能力的惯性。第三，动态能力是企业发展的基础性能力，是企业在动态环境下获得动态发展的能力。第四，动态能力为促进企业创新和创造新的规则，以及提升发展能力奠定了长期的根本的基础。第五，动态能力实现了新知识与原有知识的融合，提供了企业改革的能力，由此能够持续提高企业的经营效率与竞争优势。

2.动态能力的构成维度

在市场竞争中，企业必须及时应对持续变化的市场环境，及时更新、改进现有的知识和技能，快速和柔性地实施创新战略，迅速整合或重构企业内外部资源与能力，从而构建企业的持续竞争优势。关于动态能力的构成维度，许多学者发表了不同的观点。Teece、Pisano和Shuen（1997）指出，动态能力包括三个维度，即建构能力、整合能力以及重构能力。Eisenhardt和Martin（2000）认为，动态能力是组织中资源和环境交互的能力，包括资源获取和释放能力、内部资源重构能力以及资源整合能力。Teece（2007）指出，动态能力是企业能够比竞争对手更为迅速地把握商机并重构资源的能力。Luo（2001）在研究中指出，要深入理解动态能力的内涵，需要从分配能力、更新能力以及获取能力三个方面入手，因此在剖析动态能力的结构时，机会识别、机会把握以及整合重构方面的能力是最突出的三项内容。Borch和Madsen（2007）认为，动态能力是一个四维概念，他们指出，企业在组织内外部资源整合、网络关系、资源获取以及战略路径选择等方面的能力是必须要考量的四个方面。根据Wang和Ahmed（2007）的研究可知，动态能力的重要构成因素包含创新、环境适应性以及知识吸收，从这三个维度来分析动态能力的结构，包括创新能力、适应能力、吸收能力等。动态能力是一个多维概念，国内学者贺小刚等（2006）的研究具有代表性，他们从理论视角出发，认为企业动态能力的测度框架包括六个维度：①组织机构支持系统；②客户价值导向；③更新的动力；④制度支持机制；⑤战略隔绝机制；⑥技术及支持系统。经过进一步的研究之后，他们将上述六个维度缩减为五个维度：①组织变革；②战略隔绝；③市场潜力；④组织柔性；⑤组织学习。综合多数学者提出的观点，本研究将动态能力划分为感知能力、整合能力、重构能力三个维度。

（1）感知能力。感知能力是企业对环境变化和市场机会与威胁的识别、觉察与反应能力，在本质上是企业对新的机遇与挑战的应对能力。感知能力对于企业动态能力的形成至关重要，它是实现企业经营战略的灵活性与动态性的首要条件，企业只有敏锐地感知环境变化带来的市场机会，才能形成动态灵活的发展战略。感知能力取决于企业管理者的理论素养、经验积累、人格特性以及对环境变化趋势的综合把握与判断。

（2）整合能力。企业必须不断地整合各种资源才能有效地构建动态能力，资源整合是一个复杂的动态过程，是企业对不同来源、不同层次的多样性资源进行配置、激活及有机融合的过程。整合能力是企业所具有的与环境变化相适应的，整合组织内外知识、技能以及其他资源的能力，是企业获取持续竞争优势的一种组织管理能力。整合能力通常涉及企业跨越组织边界的管理行为，企业可以通过跨部门、跨组织、跨单位的交流、合作与共享来整合企业内外部的资源和能力。整合能力取决于企业的核心资源、核心专长、支持平台与执行力。

（3）重构能力。重构能力是企业根据环境变化和战略需要，对资源结构、组织结构、流程结构进行变革和重新构造的能力。重构能力对企业经营的影响更多地表现在战略绩效上，企业必须不断重构资源与组织以实现必要的内外部转变，才能不断适应环境的动态变化。根据动态能力理论的观点，企业的竞争优势主要来源于企业对其资源与组织的重构能力，为此企业需要不断保持先进的经营发展理念，并且具有强烈的变革意识与创新精神，从环境与市场变化中不断生发出变革与创新的动力。

第二节　理论研究模型的构建

　　根据国内外学者关于战略人力资源管理、竞争优势、动态能力等理论研究成果，本研究重点分析战略人力资源管理如何通过动态能力影响企业的竞争优势，从企业能力理论、资源基础理论以及竞争优势理论出发，提出动态能力是企业竞争优势形成的能力基础，战略人力资源管理是企业竞争优势的重要来源。在这个理论模型中，动态能力是战略人力资源管理影响企业竞争优势的中介变量，战略人力资源管理主要通过动态能力间接作用于企业竞争优势。本研究根据这一理论分析框架构建了战略人力资源管理、动态能力与企业竞争优势的关系概念模型，同时将环境动态性和员工主动行为引入理论研究模型，充分考虑和关照战略人力资源管理对环境动态性、员工主动行为的影响以及环境动态性、员工主动行为对动态能力和竞争优势的影响，并注意到顾客信任在动态能力与竞争优势之间以及战略人力资源管理与竞争优势之间的调节机制。理论研究模型的具体分析构架如下。

（1）以战略人力资源管理为一组变量，以企业竞争优势为一组变量，分析和探讨战略人力资源管理与企业竞争优势各层面的相关性。

（2）以战略人力资源管理为一组变量，以动态能力为另一组变量，分析和探讨战略人力资源管理与动态能力各层面的相关性。

（3）以动态能力为一组变量，以企业竞争优势为另一组变量，分析和探讨动态能力与企业竞争优势各层面的相关性。

（4）分析和探讨动态能力在战略人力资源管理影响企业竞争优势时所起到的中介作用。

（5）在动态能力与企业竞争优势的关系研究中，揭示环境动态性的调节作用，引入动态能力和环境动态性的交互项。

（6）在战略人力资源管理与企业竞争优势的关系研究中，揭示员工主动行为的调节作用，引入战略人力资源管理和员工主动行为的交互项。

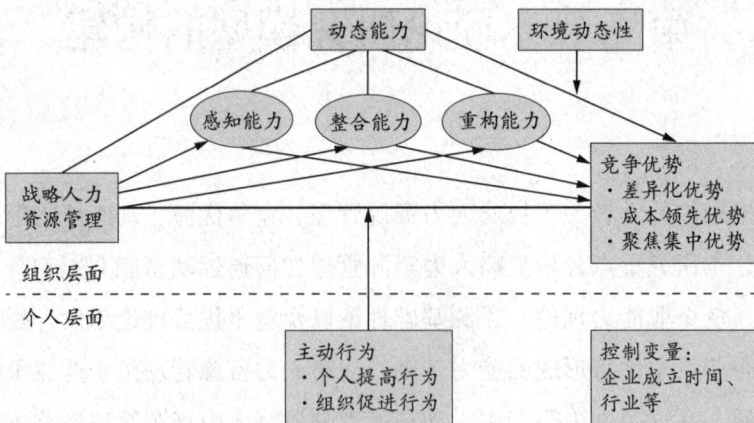

图 4-1 理论研究模型

第三节　理论模型的研究假设

一、战略人力资源管理与企业竞争优势关系假设

战略人力资源管理是企业获取竞争优势的重要手段，它能够在企业战略框架下统筹考虑所有的人力资源管理问题，包括人力资源的有效选择与配置、人力资源素质与技能的提升、人力资源激励机制设计、人力资源成长机制设计等。在战略人力资源管理中，通过对人力资源、人力资本进行投资，以及基于企业战略的人力资源规划与政策措施，能够创造一个充满活力、具有动态发展能力的企业组织，这样的企业组织能够密切关注市场与顾客需求的变化，并通过内部资源与组织的不断整合与重构，保证企业在市场竞争中占据优势。因此，本研究认为，战略人力资源管理是企业竞争优势的根本来源，战略人力资源管理的各项活动，如雇佣保证、审慎甄选、内部晋升、激励薪酬、员工广泛培训、员工参与等能够在企业发展战略推进中起到促进作用，能够促进企业竞争优势的形成。由此提出以下研究假设：

假设H1：战略人力资源管理正向影响企业竞争优势

假设H1a：战略人力资源管理正向影响企业低成本竞争优势

假设H1b：战略人力资源管理正向影响企业差异化竞争优势

假设H1c：战略人力资源管理正向影响企业集中化竞争优势

二、战略人力资源管理与动态能力关系假设

资源基础观是战略人力资源管理与动态能力之间的共同理论基础，企业发展的动态能力必须和战略人力资源管理相结合，组织知识、组织流程、企业能力等都无法脱离人力资源因素，组织知识、组织流程以人力资源的行为为载体，企业资源与组织的整合和重构，其动力来自战略人力资源管理，同

时，企业动态能力的不可模仿性和价值性来源于战略人力资源的稀缺性和不可替代性。本研究认为，战略人力资源管理是在动态环境下，根据企业战略目标进行人力资源管理的各项实践活动，它能够使企业具有更强的感知能力、整合能力和重构能力，从而提升企业整体的动态能力。由此提出以下研究假设：

假设H2：战略人力资源管理正向影响企业动态能力

假设H2a：战略人力资源管理正向影响感知能力

假设H2b：战略人力资源管理正向影响整合能力

假设H2c：战略人力资源管理正向影响重构能力

三、动态能力与企业竞争优势关系假设

动态能力是在环境变化条件下改变企业发展能力的基础，不断形成和构建推动企业持续发展的新能力。动态能力通过资源吸收与整合，以及学习、知识管理等方式，提升企业的创新能力，从而不断获得新知识和新能力，通过整合和改进现有的能力，使企业在动态、复杂、不确定性的环境下获得持续竞争优势。动态能力是推动企业持续发展的根本能力，是企业在动态环境下获得动态战略能力的基础，通过动态能力促进企业创新、促进企业核心能力的形成，从而为企业获得竞争优势提供长期基础。由此提出以下研究假设：

假设H3：动态能力正向影响企业竞争优势

假设H3a：动态能力正向影响企业低成本竞争优势

假设H3b：动态能力正向影响企业差异化竞争优势

假设H3c：动态能力正向影响企业集中化竞争优势

四、动态能力的中介作用假设

用动态能力作为中介变量来分析战略人力资源管理对企业竞争优势的影响机制，不论在理论上还是在实践中都具有合理性。由人力资源管理所开发出来的员工与组织的知识、经验与能力镶嵌在整个组织中，由此形成有效推进企业战略的感知能力、整合能力和重构能力，进而获得和提升企业竞争优

势。动态能力在战略人力资源管理对企业竞争优势的影响关系中具有中介作用，战略人力资源管理首先对动态能力的形成与构建产生影响，再通过动态能力影响企业竞争优势。由此提出以下研究假设：

假设H4：动态能力在战略人力资源管理与企业竞争优势之间具有中介作用

五、环境动态性的调节作用假设

动态能力主要关注的是企业外部环境的变化，动态环境下的企业利用环境变化中所出现的各种有利因素与机会，将其转化为自身发展的动力与资源，从而取得竞争优势。环境动态性在动态能力对竞争优势的影响关系中具有重要调节作用，在环境动态性较强的条件下，动态能力能够更好地对企业的竞争优势产生影响。动态能力较强的企业能够深刻地洞察和领悟其所处环境的动态变化，能够敏锐和迅速地把握和开发新的市场机会，通过整合环境变化中的关键与核心资源，获得更多的竞争优势。由此提出以下研究假设：

假设H5：环境动态性在动态能力与企业竞争优势的关系中具有正向调节作用

六、员工主动行为的调节作用假设

在战略人力资源管理对企业竞争优势的影响关系中，员工主动行为调节着这种影响的程度。当员工主动行为较强时，员工自觉行动、主动作为、积极工作、敢于争先、勇于创造，员工行为与组织期望达成一致，由此能够放大战略人力资源管理的实施效果及其对企业竞争优势的正向影响。与此相反，当员工主动行为较弱时，即使战略人力资源管理策略设计完备，但由于员工自身因循守旧，缺乏创新意识，不愿意与组织期望保持一致，因而采取退缩行为，这将会减弱战略人力资源管理的实施效果以及对企业竞争优势的正向影响。在一般情况下，有效的战略人力资源管理能够激发较强的员工主动行为，从而能够对企业竞争优势产生正向影响。由此提出以下研究假设：

假设H6：员工主动行为在战略人力资源管理与企业竞争优势的关系中具有正向调节作用

第五章

战略人力资源管理对企业竞争优势影响的研究设计

第一节　研究过程

本研究的目标是探索并厘清战略人力资源管理、动态能力与企业竞争优势的关系，围绕着这一研究主线，研究过程分为以下几个部分：

第一步，理论分析。本研究在正式开展之前收集了大量的文献，在进行文献综述和理论研究的基础上，形成自己的理论观点，设计了战略人力资源管理影响企业竞争优势的理论研究模型，提出了各核心变量之间的关系及相关研究假设。

第二步，问卷设计。总结学术界对战略人力资源管理、动态能力、企业竞争优势等核心变量进行测量的研究成果，结合本研究做出相应修正；通过德尔菲法对问卷题项进行科学的设计，并通过问卷的预调研对问卷中的题项进行修正及完善，最终形成正式的问卷，为进一步的实证研究做好准备工作。本研究的问卷设计包括以下步骤：第一，参阅文献和已有研究成果。结合战略人力资源管理、智力资本和技术创新等相关文献，吸取文献中与本研究相关的研究成果，同时为了确保测量工具的信度和效度，调查问卷的设计主要采用国内外已被使用过且被认为有效性较高的问卷设计方法，在此基础上再依据本研究的目标加以修改和调整，形成问卷初稿。第二，咨询专家意见。将问卷初稿制作为专家问卷，并向八位相关领域的专家和学者征求意见和建议，在总结专家意见的基础上，对问卷题项、语言措辞和格式等进行进一步修改，形成预测验问卷。第三，检验并形成正式问卷。使用预测验问卷对企业进行预调研，检验问卷的信度和效度，根据检验结果进行进一步修改，形成最终的正式问卷。

第三步，数据收集。正式问卷调查了北京、上海、湖南、湖北、浙江、江苏、广东、四川、甘肃、辽宁、吉林、山东等省市的170家企业，通过对样本特征进行描述性统计分析之后，完成实证研究中的数据收集与处理。

第四步，假设验证。在收集到调查数据之后，使用验证性因子分析CFA、结构方程模型SEM等实证研究方法对调查数据进行处理，以期验证本研究的假设和理论模型。首先进行样本数据描述分析，以评估样本数据的质量；然后对各变量测量模型逐个进行验证性因子分析，计算模型的收敛效度、区别效度和拟合优度，从而评价各测量模型的效度；最后运用样本数据对各理论模型逐个进行结构方程模型分析，以检验各研究假设是否得到样本数据的支持。

第二节 问卷设计

一、专家问卷编制

本研究全部使用已有量表对相关概念进行测量。一般来说，沿用现有量表可能存在一定的局限性，表现为时间上的局限性、文化上的局限性和语言上的局限性（陈晓萍等，2012）。为了最大限度地保证测量量表的有效性，本研究做了如下工作：第一，本研究所采用的量表皆出自顶级期刊，在文献中占有显著地位，并被反复使用，大量研究证明具有较高信度与效度。第二，对于具有较高文化情境特征的变量，如本研究中战略人力资源管理、竞争优势、动态能力等，全部选择以华人为样本开发的量表。第三，使用外文量表的，通过双向翻译和小组讨论，力求提高翻译的准确性。为了克服现有量表的语言局限性，减少语意差别和词汇外延对问卷有效性的影响，本研究中使用的原出处是英文文献的概念量表，一律采用双向翻译法，即直接翻译与回译结合。由于难以获得公开的客观资料来评价企业战略人力资源管理、动态能力、竞争优势等变量的水平高低，本研究主要通过问卷调查进行主观性评价。在问卷计量上，对全部变量的测量采用了李克特5点计分法。这是因为在大多数情况下，5点量表是最可靠的，选项超过5点会造成鉴别上的困难，而5点量表限制了温和意见与强烈意见的表达。5档分制中的1~5分分别代表：非常不符合、比较不符合、一般、比较符合、非常符合。现将专家问卷各个部分的构成及内容设计具体描述如下。

1.战略人力资源管理问卷编制

战略人力资源管理的问卷参考了Delery和Doty（1996）、Huselid（1995）、廖婉钧和韩志翔（2014）等学者的研究，最终主要使用Delery和Doty研制的相关量表，并结合本研究的目的和实际情况，对原始题项进行了有限的部分优化，形成问卷初稿。原量表包括雇佣保证、审慎招聘、员工参与、广泛培训、基于绩效的高水平薪酬、内部晋升等六项关键职能，共24道题目。对原量表进行少量修改后的问卷设计如表5-1所示。

表5-1 战略人力资源管理量表

·内部晋升	非常不符合				非常符合
1.在本企业中，员工有许多晋升机会	1	2	3	4	5
2.在本企业中，员工有明确的职业发展路径	1	2	3	4	5
3.本企业可以为员工提供多个适合的晋升岗位	1	2	3	4	5
4.本企业的管理者了解员工的职业发展期望	1	2	3	4	5
·广泛培训	非常不符合				非常符合
5.本企业为员工提供全面的培训	1	2	3	4	5
6.每过一段时间，本企业就会为员工安排一次培训	1	2	3	4	5
7.本企业为员工提供培训，以期提高员工的晋升竞争力	1	2	3	4	5
8.本企业为新员工提供针对其职能的丰富培训	1	2	3	4	5
·雇佣保证	非常不符合				非常符合
9.本企业为员工提供安全、舒适的工作环境	1	2	3	4	5

（续表）

10.本企业为所有正式员工缴纳"五险一金"	1	2	3	4	5
11.即使遇到经济困难，本企业也不会轻易解雇员工	1	2	3	4	5
·员工参与	非常不符合				非常符合
12.本企业允许员工提出合理建议	1	2	3	4	5
13.本企业的管理者与员工之间能做到坦诚沟通	1	2	3	4	5
14.本企业的决策会参考员工提出的意见	1	2	3	4	5
15.本企业的员工被要求参与到决策中	1	2	3	4	5
·谨慎筛选					
16.本企业十分重视员工选拔过程	1	2	3	4	5
17.本企业重视应聘者潜在的学习能力	1	2	3	4	5
18.本企业甄选程序相当细致和全面	1	2	3	4	5
19.本企业重视应聘者的行业知识和从业经历	1	2	3	4	5
·薪酬激励	非常不符合				非常符合
20.员工的薪酬与企业绩效紧密相关	1	2	3	4	5
21.在行业中，本企业对员工的薪酬激励水平较高	1	2	3	4	5
22.本企业根据员工的绩效评估其应得的薪酬水平	1	2	3	4	5

2.竞争优势问卷编制

整合国内外相关学者对竞争优势构成的研究，提出低成本竞争优势、差异化竞争优势、集中化竞争优势三个测量维度。参照Langerak（2003）、Day和Wensley（1988）、Dess和Davis（1984）、Peteraf（1993）、Hamel和Prahalad（1994）、Ma（2000）、江成城（2011）、刘敏（2012）等学者研究的量表，进行整合与应用。由于竞争优势表达的是企业间的相对优势，为了使企业管理者便于理解，各题项在原问卷基础上增加"与行业主要竞争对手相比"的引导语句，形成的问卷设计如表5-2所示：

表 5-2 竞争优势测量量表

（一）低成本竞争优势	非常不符合				非常符合
1.与行业主要竞争对手相比，本企业可以以更低的成本提供同等质量的产品	1	2	3	4	5
2.与行业主要竞争对手相比，本企业可以以更低的成本提供同等质量的服务	1	2	3	4	5
3.与行业主要竞争对手相比，本企业的运营效率更高	1	2	3	4	5
4.与行业主要竞争对手相比，本企业的生产成本更低	1	2	3	4	5
5.与行业主要竞争对手相比，本企业的管理人员更重视成本控制	1	2	3	4	5
6.与行业主要竞争对手相比，本企业能运用更好的管理经验，降低学习成本	1	2	3	4	5
（二）差异化竞争优势	非常不符合				非常符合
7.与行业主要竞争对手相比，本企业拥有更好的品牌形象	1	2	3	4	5
8.与行业主要竞争对手相比，本企业拥有质量更好的服务	1	2	3	4	5
9.与行业主要竞争对手相比，本企业拥有质量更好的产品	1	2	3	4	5
10.与行业主要竞争对手相比，本企业产品和服务的个性化定制更能吸引顾客	1	2	3	4	5
11.与行业主要竞争对手相比，本企业更能吸引新顾客或潜在顾客	1	2	3	4	5
12.与行业主要竞争对手相比，本企业拥有先进的技术	1	2	3	4	5

（续表）

（三）集中化竞争优势	非常不符合				非常符合
13.本企业为某一类特定顾客群体提供产品或服务	1	2	3	4	5
14.与行业主要竞争对手相比，本企业是某一细分市场中的领先企业	1	2	3	4	5
15.与行业主要竞争对手相比，本企业是某一细分行业中的领先企业	1	2	3	4	5
16.与行业主要竞争对手相比，本企业主攻某一地区的市场	1	2	3	4	5

3.动态能力问卷编制

整合国内外相关学者对企业动态能力构成的研究，提出感知能力、整合能力、重构能力三个方面的测量维度。在测量题项的选择上，主要参考了Teece等学者（1997，2000，2007）对动态能力各维度的具体阐述，以及Eisenhardt和Martin（2000）、Lawson和Samson（2001）、Jaunt Umen等（2005）、Zahra等（2006）、冯军政（2012）对动态能力具体测量指标和测量题项的研究成果，形成的问卷设计如表5-3所示。

表5-3 动态能力测量量表

（一）感知能力	非常不符合				非常符合
1.本企业熟知所处行业的发展和运行规律	1	2	3	4	5
2.本企业熟知所处行业的先进技术及其发展趋势	1	2	3	4	5
3.本企业熟知政府的相关管制及扶持政策	1	2	3	4	5
4.本企业能迅速觉察顾客的需求及需求变动	1	2	3	4	5
5.本企业对竞争对手、供应商、经销商的情况非常了解	1	2	3	4	5
6.本企业能迅速觉察外部市场的变化，并从中发现新的机会	1	2	3	4	5

（续表）

7.本企业有较强的风险意识	1	2	3	4	5
（二）整合能力	非常不符合				非常符合
8.本企业能抓住所处行业市场变化带来的机会	1	2	3	4	5
9.本企业工作的方式方法灵活	1	2	3	4	5
10.本企业各部门间联系密切，信息沟通及时	1	2	3	4	5
11.本企业鼓励员工学习，并为员工提供工作职能所需的培训	1	2	3	4	5
12.本企业能处理好与合作伙伴或上下游企业的关系	1	2	3	4	5
13.本企业能有效落实战略或决策	1	2	3	4	5
14.本企业能合理分配资源	1	2	3	4	5
（三）重构能力	非常不符合				非常符合
15.本企业对创新活动投入大量资源	1	2	3	4	5
16.本企业鼓励员工进行创新和变革	1	2	3	4	5
17.本企业能根据外部市场环境变化，及时调整优化企业的资源结构	1	2	3	4	5
18.本企业能根据外部市场环境变化，及时调整优化企业的组织结构	1	2	3	4	5
19.本企业能根据外部市场环境变化，及时调整优化企业的运营流程	1	2	3	4	5
20.本企业不断调整优化内部资源，以增强自身在价值链中的特色	1	2	3	4	5
21.本企业不断协调优化与上下游企业的关系	1	2	3	4	5

4.调节变量

本研究在不同层面引入了不同的调节变量：在企业组织层面，对企业外部的环境动态性进行测量；在员工个人层面，对员工的个人主动行为进行测量。在对环境动态性的测量上，采用了相对主观的测量方式，主要测度企业管理人员对于外部环境变化的感知能力。参考 Miller 和 Friesen（1982）、Jap（1999）、Schilke（2014）等学者的研究和测量题项的研究成果，从主要业务的行业技术、顾客、竞争对手三方面提出问题，对环境动态性进行测量，形成的问卷设计如表5-4所示。

表 5-4 环境动态性测量量表

·主要业务的行业技术	非常不符合		非常符合		
1.从整个行业来看，本企业所处的行业技术变化很快	1	2	3	4	5
2.本企业所处行业的技术发展能促进新产品（或新业务）大量产生	1	2	3	4	5
3.本企业所处行业的产品（或业务）更替速度很快	1	2	3	4	5
·顾客	非常不符合		非常符合		
4.本行业的顾客对产品（或业务）需求变化大	1	2	3	4	5
5.本行业的顾客寻求新产品（或新业务）的频率高	1	2	3	4	5
6.本行业的新顾客或潜在顾客与老顾客相比，对产品（或业务）的需求差异大	1	2	3	4	5
·竞争对手	非常不符合		非常符合		
7.本企业的竞争对手经常推出新产品（或新业务）	1	2	3	4	5
8.本企业的竞争对手经常采用新战略	1	2	3	4	5

在对员工主动行为的测量上，参考Grant（2009）、Griffin（2010）等学者的研究成果，从个人提高和组织促进两个方面提出问题，面向企业中的员工进行测量评估，形成用于测量员工主动行为的问卷设计如表5-5所示。

表 5-5 员工主动行为测量量表

·个人提高	非常不符合				非常符合
1.对于个人在工作中存在的问题，我会主动寻求解决方案	1	2	3	4	5
2.我会积极抓住本企业提供给我的学习或工作机会	1	2	3	4	5
3.为了更好完成工作，我会自发地思考更好的工作方法	1	2	3	4	5
4.我会主动学习业务所要求的知识，提高自己	1	2	3	4	5
5.我愿意主动接触职业规划性的工作	1	2	3	4	5
6.为了个人的发展，我会在本职工作中额外付出劳动	1	2	3	4	5
7.我在工作中不愿意偷懒	1	2	3	4	5
8.我会主动与上司沟通，以期提升个人工作效率	1	2	3	4	5
·组织促进	非常不符合				非常符合
9.当同事遇到困难时，我会主动帮助他们	1	2	3	4	5
10.对于本企业存在的问题，我会主动思考对策并提出建议	1	2	3	4	5
11.我愿意与同事分享工作所需要的知识	1	2	3	4	5
12.我会主动与同事沟通，以期提升团队工作效率	1	2	3	4	5
13.为了本企业的发展，我会在本职工作中额外付出劳动	1	2	3	4	5
14.除日常职能活动外，我能积极参与本企业展开的非职能活动（如团建等）	1	2	3	4	5
15.我会主动关注市场环境变化及其对本企业的影响	1	2	3	4	5
16.我会积极思考对策，以期提升本企业的经营效率	1	2	3	4	5

二、德尔菲法函询过程

本研究邀请到山东大学管理学院、中国海洋大学管理学院、青岛科技大学经济管理学院、青岛大学商学院、山东科技大学经济管理学院的10位专家组成专家小组。10位专家均为企业管理研究领域的教授，其研究方向和知识结构满足了函询问卷的要求。

函询问卷根据初拟的专家问卷编制而成，让专家采用Likert 5级评分法对各指标的赞同程度进行赋值，5分代表"非常重要，必须保留"，4分代表"比较重要，可以保留"，3分代表"一般重要，可以删除"，2分代表"不重要，建议删除"，1分代表"无意义，必须删除"，并在每个指标后设专家评定意见栏，收集专家意见。测量维度和题项选择要求见表5-6。

表 5-6 专家问卷对于题项的选择要求

核心变量名称	维度划分与选择要求	选择范围
战略人力资源管理	包括谨慎甄选、广泛培训、内部晋升、雇佣保证、激励薪酬、员工参与六个维度，每个维度选择最具代表性的一个题项进行测量	专家问卷的第1~22题
竞争优势	包括低成本竞争优势、差异化竞争优势和集中化竞争优势三个维度，每个维度选择三个最具代表性的题项进行测量	专家问卷的第1~16题
动态能力	包括感知能力、整合能力、重构能力三个维度，每个维度选择三个最具代表性的题项进行测量	专家问卷的第1~21题
员工主动行为	从个人提高和组织促进两个维度各选择最具代表性的三个题项进行测量	专家问卷的第1~16题
环境动态性	从竞争对手、顾客、主要业务的行业技术三个维度各选择最具代表性的一个题项进行测量	专家问卷的第1~8题

函询以电子问卷的形式发送给专家，每轮专家咨询结束后，采用临界值法进行数据处理，并根据专家意见对题项进行筛选与确定，对于评分平均值达到4、标准差值小于1且变异系数值小于0.25的指标予以保留；对于指标

的平均得分小于4、标准差值大于1且变异系数>0.25的指标，经过分析研究后，进行删除、修改和完善。

表 5-7 题项选用的条件

题项选用的条件	平均值≥4
	标准差<1
	变异系数<0.25

第一轮函询共发放问卷10份，收回10份，问卷回收率为100%。对10份问卷进行数据分析，置信区间设定为95%的前提下，渐进显著性值为0.128，在可信区间内和谐系数为0.265，所有指标平均得分大于4，变异系数<0.25。虽然没有指标被删除和修改，但和谐系数较小，因此又进行了第二轮函询，将第一轮的结果放置于问卷中，再次发放给专家。

表 5-8 第一轮德尔菲法的一致性检验结果

样本数	10
Kendall 的 W（K）a	0.265
渐近显著性	0.128

第二轮函询共发放问卷10份，回收10份，回收率仍为100%，专家的积极程度高，问卷有效率仍为100%。其结果如表5-9所示，渐进显著性的值为0.000，小于0.005，和谐系数的值为0.671，本轮通过一致性检验，故函询不再继续。

表 5-9 第二轮德尔菲法的一致性检验结果

样本数	10
Kendall 的 W（K）a	0.671
渐近显著性	0.000

经过计算，第二轮德尔菲法专家意见的数据统计结果如表5-10所示。

表 5-10 预调研问卷题项选择结果

测量项目	题项选择	平均值	标准差	变异系数	一致性	是否使用
战略人力资源1	1.在本企业中，员工有许多晋升机会	5	0	0	一致	是
战略人力资源2	5.本企业为员工提供全面的培训	5	0	0	一致	是
战略人力资源3	11.即使遇到经济困难，本企业也不会轻易解雇员工	5	0	0	一致	是
战略人力资源4	14.本企业的决策会参考员工提出的意见	4.875	0.354	0.073	一致	是
战略人力资源5	16.本企业十分重视员工选拔过程	5	0	0	一致	是
战略人力资源6	22.本企业根据员工的绩效评估其应得的薪酬水平	4.875	0.354	0.073	一致	是
感知能力1	1.本企业熟知所处行业的发展和运行规律	4.875	0.354	0.073	一致	是
感知能力2	4.本企业能迅速觉察顾客的需求及需求变动	4.875	0.354	0.073	一致	是
感知能力3	6.本企业能迅速觉察外部市场的变化，并从中发现新的机会	5	0	0	一致	是
整合能力1	9.本企业工作的方式方法灵活	4.875	0.354	0.073	一致	是
整合能力2	13.本企业能有效落实战略或决策	4.875	0.354	0.073	一致	是
整合能力3	14.本企业能合理分配资源	4.75	0.463	0.097	一致	是

（续表）

重构能力1	15.本企业对创新活动投入大量资源	5	0	0	一致	是
重构能力2	16.本企业鼓励员工进行创新和变革	4.875	0.354	0.073	一致	是
重构能力3	17.本企业能根据外部市场环境变化，及时调整优化企业的资源结构	4.875	0.354	0.073	一致	是
低成本优势1	1.与行业主要竞争对手相比，本企业可以以更低的成本提供同等质量的产品	4.875	0.354	0.073	一致	是
低成本优势2	4.与行业主要竞争对手相比，本企业的生产成本更低	5	0	0	一致	是
低成本优势3	5.与行业主要竞争对手相比，本企业的管理人员更重视成本控制	5	0	0	一致	是
差异化优势1	7.与行业主要竞争对手相比，本企业拥有更好的品牌形象	4.875	0.354	0.073	一致	是
差异化优势2	9.与行业主要竞争对手相比，本企业拥有质量更好的产品	4	0	0	一致	是
差异化优势3	11.与行业主要竞争对手相比，本企业更能吸引新顾客或潜在顾客	4	0	0	一致	是
集中化优势1	13.本企业为某一类特定顾客群体提供产品或服务	4.125	0.354	0.086	一致	是
集中化优势2	14.与行业主要竞争对手相比，本企业是某一细分市场中的领先企业	4.875	0.354	0.073	一致	是

（续表）

集中化优势3	16.与行业主要竞争对手相比，本企业主攻某一地区的市场	4	0	0	一致	是
环境动态性1	1.从整个行业来看，本企业所处的行业技术变化很快	4.875	0.354	0.073	一致	是
环境动态性2	4.本行业的顾客对产品（或业务）需求变化大	4.75	0.463	0.097	一致	是
环境动态性3	7.本企业的竞争对手经常推出新产品（或新业务）	5	0	0	一致	是
环境动态性4	8.本企业的竞争对手经常采用新战略	4.875	0.354	0.073	一致	是
主动行为1	2.我会积极抓住本企业提供给我的学习或工作机会	4.875	0.354	0.073	一致	是
主动行为2	3.为了更好完成工作，我会自发地思考更好的工作方法	4.875	0.354	0.073	一致	是
主动行为3	8.我会主动与上司沟通，以期提升个人工作效率	5	0	0	一致	是
主动行为4	9.当同事遇到困难时，我会主动帮助他们	5	0	0	一致	是
主动行为5	11.我愿意与同事分享工作所需要的知识	4.875	0.354	0.073	一致	是
主动行为6	16.我会积极思考对策，以期提升本企业的经营效率	4	0	0	一致	是

从上表可知，以上题项通过专家的一致性检验，可以据此进一步确定预调研问卷。

第三节 变量测量

本研究围绕战略人力资源管理、动态能力、竞争优势等核心变量相关内容，搜集有关文献资料，广泛借鉴、采纳前人的研究成果，得到了一系列关于核心变量的测量指标，形成相关的指标库，按照其特性归类于战略人力资源管理、竞争优势、动态能力、环境动态性、员工主动行为五个量表。根据德尔菲法进行题项筛选，通过德尔菲法对专家问卷的题项筛选后，形成最终的变量测量题项，汇总成预调研问卷。

一、战略人力资源管理

在征询专家意见后，修改得到的预调研问卷如表5-11所示。

表 5-11 战略人力资源管理测量量表

·内部晋升	非常不符合				非常符合
1.在本企业中，员工有许多晋升机会	1	2	3	4	5
·广泛培训	非常不符合				非常符合
2.本企业为员工提供全面的培训	1	2	3	4	5
·雇佣保证	非常不符合				非常符合
3.即使遇到经济困难，本企业也不会轻易解雇员工	1	2	3	4	5
·员工参与	非常不符合				非常符合
4.本企业的决策会参考员工提出的意见	1	2	3	4	5
·谨慎筛选	非常不符合				非常符合
5.本企业十分重视员工选拔过程	1	2	3	4	5

（续表）

·薪酬激励	非常不符合				非常符合
6.本企业根据员工的绩效评估其应得的薪酬水平	1	2	3	4	5

二、竞争优势

在征询专家意见后，修改得到的预调研问卷如表5-12所示。

表5-12 竞争优势测量量表

（一）低成本竞争优势	非常不符合				非常符合
1.与行业主要竞争对手相比，本企业可以以更低的成本提供同等质量的产品（或业务）	1	2	3	4	5
2.与行业主要竞争对手相比，本企业的生产成本更低	1	2	3	4	5
3.与行业主要竞争对手相比，本企业的管理人员更重视成本控制	1	2	3	4	5
（二）差异化竞争优势	非常不符合				非常符合
1.与行业主要竞争对手相比，本企业拥有更好的品牌形象	1	2	3	4	5
2.与行业主要竞争对手相比，本企业拥有质量更好的产品（或业务）	1	2	3	4	5
3.与行业主要竞争对手相比，本企业更能吸引新顾客或潜在顾客	1	2	3	4	5
（三）集中化竞争优势	非常不符合				非常符合
1.本企业为某一类特定顾客群体提供产品（或业务）	1	2	3	4	5
2.与行业主要竞争对手相比，本企业是某一细分市场中的领先企业	1	2	3	4	5
3.与行业主要竞争对手相比，本企业主攻某一地区的市场	1	2	3	4	5

三、动态能力

在征询专家意见后，修改得到的预调研问卷如表5-13所示。

表 5-13 动态能力测量量表

（一）感知能力	非常不符合			非常符合	
1.本企业熟知所处行业的发展和运行规律	1	2	3	4	5
2.本企业能迅速觉察顾客的需求及需求变动	1	2	3	4	5
3.本企业能迅速觉察外部市场的变化，并从中发现新的机会	1	2	3	4	5
（二）整合能力	非常不符合			非常符合	
1.本企业工作的方式方法灵活	1	2	3	4	5
2.本企业能有效落实战略或决策	1	2	3	4	5
3.本企业能合理分配资源	1	2	3	4	5
（三）重构能力	非常不符合			非常符合	
1.本企业对创新活动投入大量资源	1	2	3	4	5
2.本企业鼓励员工进行创新和变革	1	2	3	4	5
3.本企业能根据外部市场环境变化，及时调整优化企业的资源结构	1	2	3	4	5

四、调节变量

在征询专家意见后，修改得到的预调研问卷如表5-14所示。

表 5-14 环境动态性测量量表

·主要业务的行业技术	非常不符合			非常符合	
1.从整个行业来看，本企业所处的行业技术变化很快	1	2	3	4	5

（续表）

·顾客	非常不符合				非常符合
2.本行业的顾客对产品（或业务）需求变化大	1	2	3	4	5
·竞争对手	非常不符合				非常符合
3.本企业的竞争对手经常推出新产品（或新业务）	1	2	3	4	5

表5-15 员工主动行为测量量表

·个人提高	非常不符合				非常符合
1.我会积极抓住本企业提供给我的学习或工作机会	1	2	3	4	5
2.为了更好完成工作，我会自发地思考更好的工作方法	1	2	3	4	5
3.我会主动与上司沟通，以期提升个人工作效率	1	2	3	4	5
·组织促进	非常不符合				非常符合
1.当同事遇到困难时，我会主动帮助他们	1	2	3	4	5
2.我愿意与同事分享工作所需要的知识	1	2	3	4	5
3.我会积极思考对策，以期提升本企业的经营效率	1	2	3	4	5

五、控制变量

对于控制变量的测量，从组织层面和个人层面做出区分。在组织层面，测量企业所属的行业、企业性质、企业成立时间、企业员工人数、企业的年销售额和资产总额等；在个人层面，测量员工个人的性别、年龄、学历、在本企业的工龄等。具体测量题项如表5-16所示。

表5-16 控制变量题项

企业所在地区	（1）东部地区（2）中部地区 （3）西部地区（4）东北地区
企业所属行业	（1）制造业（2）金融业（3）信息技术产业 （4）旅游业（5）建筑业（6）交通运输及仓储业 （7）采矿业（8）农林牧渔业（9）零售业 （10）酒店和餐饮业（11）房地产业 （12）商务服务业（13）其他行业
企业成立时间	（1）1-5年（2）6-10年（3）11-15年 （4）16-20年（5）21年及以上
企业性质	（1）国有独资及国有控股企业（2）集体所有制企业 （3）民营企业（4）外商独资或合资企业 （5）其他类型企业
企业员工人数	（1）100-200人 （2）200-400人（3）400-700人 （4）700-1000人（5）1000人以上
企业年销售额	（1）0.5-1亿元 （2）1-5亿元（3）5-20亿元 （4）20-50亿元（5）50亿元以上

第四节　预调研分析

一、预调研的实施

预调研是为了测试设计问项的有效性，检验问项的信度和效度，以进行问项的修正，为大规模的问卷调查和实证研究做好准备。本研究于2020年1月份在青岛某企业服务机构的帮助下进行了预调研测试，向50个企业发放预调研测试问卷，问卷分为管理人员问卷和员工问卷，回收管理人员问卷50份，每个企业员工问卷回收2~4份不等，共回收130份。

二、预调研量表信度与效度分析

1.战略人力资源管理的信度与效度分析

对战略人力资源管理预调研量表进行信度分析，克隆巴赫Alpha值为0.946，且将量表的任何一个题项删除后，变量信度系数并无明显提升。同时，各变量信度系数均大于0.7，因此本量表具有良好信度。

表5-17 战略人力资源管理预调研量表的信度分析

	删除项后的标度平均值	删除项后的标度方差	修正后的项与总计相关性	删除项后的克隆巴赫Alpha值	克隆巴赫Alpha值
战略人力资源1	14.02	24.632	0.888	0.930	
战略人力资源2	13.98	26.183	0.822	0.938	0.946
战略人力资源3	14.02	27.081	0.753	0.946	

（续表）

战略人力资源4	13.92	25.993	0.843	0.936	
战略人力资源5	14.00	25.265	0.861	0.934	0.946
战略人力资源6	14.06	25.200	0.854	0.934	

本研究通过 EFA（探索性因子分析）对量表的效度进行考察。在探索性因子分析之前，应首先检验变量之间的相关性，本研究通过 KMO 检验和 Bartlett 球形检验来对变量间的相关性问题进行检验。KMO 为 0.912，Bartlett 球形检验概率值也显示通过显著性检验，因此本量表适合做因子分析。

表 5–18 KMO 和巴特利特检验

KMO 取样适切性量数		0.912
巴特利特球形度检验	近似卡方	263.535
	自由度	15
	显著性	0.000

采用主成分分析法进行因子提取，在不限定数目的情况下，特征值大于 1 的因子有 1 个，因此本量表共析出 1 个因子。Hinkin（1998）认为在探索性因子分析中，累积方差解释率不应低于 60%。本量表的累积方差解释率为 78.921%，符合要求。由于本量表只析出 1 个因子，所以不用进行因子旋转。邱政皓和林碧芳（2008）的研究认为，因子载荷超过 0.55 就是好的测量问项。本量表各因子载荷均符合要求，因此本量表具有较好的结构效度。

表 5-19 总方差解释

成分	初始特征值			提取载荷平方和		
	总计	方差百分比（%）	累积百分比（%）	总计	方差百分比（%）	累积百分比（%）
1	4.735	78.921	78.921	4.735	78.921	78.921
2	0.434	7.230	86.151			
3	0.279	4.650	90.801			
4	0.230	3.833	94.635			
5	0.188	3.135	97.770			
6	0.134	2.230	100.000			
提取方法：主成分分析法						

2.动态能力的信度与效度分析

对动态能力预调研量表进行信度分析，感知能力的克隆巴赫 Alpha 值为 0.921，整合能力的克隆巴赫 Alpha 值为 0.933，重构能力的克隆巴赫 Alpha 值为 0.899。而且将量表的任何一个题项删除后，各变量信度系数并无明显提升。同时，各变量信度系数均大于 0.7，因此本量表具有良好信度。

表 5-20 动态能力预调研量表的信度分析

	删除项后的标度平均值	删除项后的标度方差	修正后的项与总计相关性	删除项后的克隆巴赫Alpha值	克隆巴赫Alpha值
感知能力1	6.46	4.294	0.834	0.893	
感知能力2	6.48	4.255	0.854	0.875	0.921
感知能力3	6.26	4.686	0.837	0.891	

（续表）

整合能力1	6.56	5.068	0.850	0.911	
整合能力2	6.72	5.185	0.906	0.874	0.933
整合能力3	6.52	4.500	0.845	0.924	
重构能力1	6.72	3.838	0.792	0.862	
重构能力2	6.66	3.453	0.846	0.817	0.899
重构能力3	6.70	4.255	0.773	0.881	

通过EFA（探索性因子分析）对量表的效度进行考察。在探索性因子分析之前，应首先检验变量之间的相关性，本研究通过KMO检验和Bartlett球形检验来对变量间的相关性问题进行检验。KMO为0.811，Bartlett球形检验概率值也显示通过显著性检验，因此本量表适合作因子分析。

表 5-21 KMO 和巴特利特检验

KMO取样适切性量数。		0.811
巴特利特球形度检验	近似卡方	362.409
	自由度	36
	显著性	0.000

采用主成分分析法进行因子提取，特征值大于1的因子有三个，因此本量表共析出三个因子，解释方差比例分别为29.221%、29.209%、28.254%。Hinkin（1998）认为在探索性因子分析中，累积方差解释率不应低于60%。本量表的累积方差解释率为86.684%，符合要求。此外，本研究采用方差最大法进行因子旋转。邱政皓和林碧芳（2008）的研究认为，因子载荷超过0.55就是好的测量问项。本量表各因子载荷均符合要求，因此本量表具有较好的结构效度。在三个被提取的因子中，因子1代表了感知能力，因子2代表了整合能力，因子3代表了重构能力。

表 5-22 总方差解释

成分	初始特征值			提取载荷平方和			旋转载荷平方和		
	总计	方差百分比（%）	累积百分比（%）	总计	方差百分比（%）	累积百分比（%）	总计	方差百分比（%）	累积百分比（%）
1	5.064	56.272	56.272	5.064	56.272	56.272	2.630	29.221	29.221
2	1.637	18.186	74.457	1.637	18.186	74.457	2.629	29.209	58.430
3	1.100	12.227	86.684	1.100	12.227	86.684	2.543	28.254	86.684
4	0.333	3.698	90.382						
5	0.286	3.182	93.564						
6	0.190	2.108	95.672						
7	0.173	1.919	97.591						
8	0.124	1.380	98.972						
9	0.093	1.028	100.000						

提取方法：主成分分析法

表 5-23 旋转后的成分矩阵

	成分		
	1	2	3
感知能力1	0.856	0.27	0.232
感知能力2	0.868	0.322	0.134
感知能力3	0.902	0.202	0.14
整合能力1	0.372	0.842	0.159
整合能力2	0.282	0.884	0.24

（续表）

整合能力3	0.194	0.901	0.198
重构能力1	0.128	0.1	0.902
重构能力2	0.14	0.221	0.897
重构能力3	0.198	0.222	0.842
提取方法：主成分分析法 旋转方法：凯撒正态化最大方差法			
a.旋转在5次迭代后已收敛			

3.竞争优势的信度与效度分析

对竞争优势预调研量表进行信度分析，低成本竞争优势的克隆巴赫Alpha值为0.878，差异化竞争优势的克隆巴赫Alpha值为0.892，集中化竞争优势的克隆巴赫Alpha值为0.719。而且将量表的任何一个题项删除后，各变量信度系数并无明显提升。同时，各变量信度系数均大于0.7，因此本量表具有良好信度。

表5-24 竞争优势预调研量表的信度分析

	删除项后的标度平均值	删除项后的标度方差	修正后的项与总计相关性	删除项后的克隆巴赫Alpha值	克隆巴赫Alpha值
低成本竞争优势1	5.84	3.117	0.757	0.834	0.878
低成本竞争优势2	5.90	2.949	0.764	0.828	
低成本竞争优势3	5.78	3.032	0.773	0.819	
差异化竞争优势1	5.78	3.522	0.814	0.823	0.892
差异化竞争优势2	5.70	3.561	0.768	0.868	

（续表）

差异化 竞争优势3	5.80	4.204	0.801	0.846	0.892
集中化 竞争优势1	5.24	1.696	0.547	0.630	
集中化 竞争优势2	5.24	1.574	0.542	0.628	0.719
集中化 竞争优势3	5.08	1.340	0.545	0.635	

通过EFA（探索性因子分析）对量表的效度进行考察。在探索性因子分析之前，应首先检验变量之间的相关性，本研究通过KMO检验和Bartlett球形检验来对变量间的相关性问题进行检验。KMO为0.688，Bartlett球形检验概率值也显示通过显著性检验，因此本量表适合作因子分析。

表 5-25 KMO和巴特利特检验

KMO取样适切性量数		0.688
巴特利特球形度检验	近似卡方	210.787
	自由度	36
	显著性	0.000

采用主成分分析法进行因子提取，特征值大于1的因子有3个，因此本量表共析出3个因子，解释方差比例分别为28.346%、27.684%、21.687%。在探索性因子分析中，本量表的累积方差解释率为77.716%，大于60%，符合要求。接着采用方差最大法进行因子旋转。本量表各因子载荷均大于0.55，符合好的测量问项要求，因此本量表具有较好的结构效度。在3个被提取的因子中，因子1代表了低成本竞争优势，因子2代表了差异化竞争优势，因子3代表了集中化竞争优势。

表 5-26 总方差解释

成分	初始特征值			提取载荷平方和			旋转载荷平方和		
	总计	方差百分比（%）	累积百分比（%）	总计	方差百分比（%）	累积百分比（%）	总计	方差百分比（%）	累积百分比（%）
1	2.726	30.286	30.286	2.726	30.286	30.286	2.551	28.346	28.346
2	2.480	27.554	57.840	2.480	27.554	57.840	2.492	27.684	56.030
3	1.789	19.876	77.716	1.789	19.876	77.716	1.952	21.687	77.716
4	0.544	6.042	83.759						
5	0.481	5.341	89.100						
6	0.354	3.933	93.033						
7	0.274	3.047	96.080						
8	0.198	2.203	98.283						
9	0.155	1.717	100.000						

提取方法：主成分分析法

表 5-27 旋转后的成分矩阵

	成分		
	1	2	3
低成本优势1	−0.198	0.884	0.061
低成本优势2	0.126	0.898	0.043
低成本优势3	−0.021	0.897	−0.002
差异化优势1	0.914	−0.005	0.156
差异化优势2	0.893	0.063	−0.003

（续表）

差异化优势3	0.912	−0.147	−0.007
集中化优势1	0.050	−0.006	0.809
集中化优势2	−0.080	0.249	0.794
集中化优势3	0.146	−0.109	0.799
提取方法：主成分分析法 旋转方法：凯撒正态化最大方差法			
a.旋转在4次迭代后已收敛			

4.环境动态性的信度与效度分析

对环境动态性预调研量表进行信度分析，克隆巴赫 Alpha 值为0.911，且将量表的任何一个题项删除后，变量信度系数并无明显提升。同时，各变量信度系数均大于 0.7，因此本量表具有良好信度。

表 5-28 环境动态性预调研量表的信度分析

	删除项后的标度平均值	删除项后的标度方差	修正后的项与总计相关性	删除项后的克隆巴赫Alpha值	克隆巴赫Alpha值
环境动态性1	6.92	4.320	0.860	0.841	
环境动态性2	6.70	4.745	0.832	0.862	0.911
环境动态性3	6.78	5.318	0.782	0.906	

通过 EFA（探索性因子分析）对量表的效度进行考察。在探索性因子分析之前，应首先检验变量之间的相关性，本研究通过 KMO 检验和 Bartlett 球形检验来对变量间的相关性问题进行检验。KMO 为 0.742，Bartlett 球形检验概率值也显示通过显著性检验，因此本量表适合作因子分析。

表 5-29 KMO 和巴特利特检验

KMO 取样适切性量数		0.742
巴特利特球形度检验	近似卡方	99.956
	自由度	3
	显著性	0.000

采用主成分分析法进行因子提取，在不限定数目的情况下，特征值大于1的因子有1个，因此本量表共析出1个因子。在探索性因子分析中，本量表的累积方差解释率为85.007%，大于60%，符合要求。由于本量表只析出1个因子，所以不用进行因子旋转。本量表各因子载荷均大于0.55，符合好的测量问项要求，因此本量表具有较好的结构效度。

表 5-30 总方差解释

成分	初始特征值			提取载荷平方和		
	总计	方差百分比（%）	累积百分比（%）	总计	方差百分比（%）	累积百分比（%）
1	2.550	85.007	85.007	2.550	85.007	85.007
2	0.284	9.462	94.469			
3	0.166	5.531	100.000			
提取方法：主成分分析法						

5.员工主动行为的信度与效度分析

对员工主动行为预调研量表进行信度分析，克隆巴赫 Alpha 值为 0.959，且将量表的任何一个题项删除后，变量信度系数并无明显提升。同时，各变量信度系数均大于0.7，因此本量表具有良好信度。

表 5-31 员工主动行为预调研量表的信度分析

	删除项后的标度平均值	删除项后的标度方差	修正后的项与总计相关性	删除项后的克隆巴赫Alpha值	克隆巴赫Alpha值
主动行为1	17.78	33.930	0.896	0.948	
主动行为2	17.86	36.939	0.840	0.954	
主动行为3	17.98	37.122	0.836	0.955	0.959
主动行为4	17.76	33.941	0.922	0.945	
主动行为5	17.88	35.047	0.865	0.952	
主动行为6	18.04	36.366	0.870	0.951	

通过 EFA（探索性因子分析）对量表的效度进行考察。在探索性因子分析之前，应首先检验变量之间的相关性，本研究通过 KMO 检验和 Bartlett 球形检验来对变量间的相关性问题进行检验。KMO 为 0.904，Bartlett 球形检验概率值也显示通过显著性检验，因此本量表适合做因子分析。

表 5-32 KMO 和巴特利特检验

KMO取样适切性量数		0.904
巴特利特球形度检验	近似卡方	317.228
	自由度	15
	显著性	0.000

采用主成分分析法进行因子提取，在不限定数目的情况下，特征值大于1的因子有1个，因此本量表共析出1个因子。在探索性因子分析中，本量表的累积方差解释率为 83.114%，大于 60%，符合要求。由于本量表只析出1个因子，所以不用进行因子旋转。本量表各因子载荷均大于 0.55，符合好的测量问项要求，因此本量表具有较好的结构效度。

表 5-33 总方差解释

成分	初始特征值			提取载荷平方和		
	总计	方差 百分比 （%）	累积 百分比 （%）	总计	方差 百分比 （%）	累积 百分比 （%）
1	4.987	83.114	83.114	4.987	83.114	83.114
2	0.321	5.343	88.457			
3	0.254	4.240	92.697			
4	0.187	3.121	95.818			
5	0.172	2.859	98.677			
6	0.079	1.323	100.000			
提取方法：主成分分析法						

第六章

战略人力资源管理对企业
竞争优势影响的实证分析

第一节 正式调研的实施与基本统计特征

一、调研对象的选择

本研究在选择样本对象时主要考虑以下两个方面。

1.企业特征

由于我国各地的经济发展水平不同，对企业的经营发展也会产生不同的影响。因此在进行样本选择时，尽可能多地对多个省市进行抽样，以提升研究结论的可信性。从行业分布来看，根据本研究的内容要求，尽可能多地覆盖多个行业，但难以对所有行业进行抽样调查。在行业选择符合要求的基础上，所调查的企业覆盖了不同所有制性质、不同经营规模、不同成立年限的各类企业。

2.被调查者特征

被调查者包括企业管理者和企业员工。企业管理者的选择标准：为确保被调查者对企业有全面的了解，有能力对企业各方面的情况做出客观的评价，本研究主要以企业的中高层管理者作为调研对象。企业员工的选择标准：为保证员工选取的随机性并能反映员工的真实意愿，在问卷调查之前，先与各个企业的负责人进行沟通协调，说明问卷调查的目的，并让他们确定本企业可以参与问卷调查的员工，在可以参与问卷调查的员工中采取随机抽样的方式。问卷调查都采用匿名的形式，直接发回给定的电子邮箱或者在问卷星中提交，不经过企业负责人。

二、数据收集过程

问卷发放与回收采取以下方式：通过青岛某企业服务机构联络会员企业，发放纸质、电子问卷和网络链接；邀请山东某高校的MBA学员联络全国MBA联盟组织，通过全国MBA联盟组织联系有关省市的高校MBA学员，让有关省市的高校MBA学员到事先沟通和联系好的企业进行现场问卷发放与回收；通过电子邮件和问卷星链接向有关企业的中高层管理者发放电子版问卷；部分问卷通过参加各类企业的招聘会和展会，对企业中高层管理者进行现场问卷并回收。问卷来源的多样性能够有效减少数据收集过程的系统误差，从而保证数据的全面性、可靠性和真实性。为了保证问卷填写质量，在调查过程中还做了如下努力：由于本研究是针对企业层面的研究，尤其是会涉及对企业高层的评价，因此问卷调查特别提供了公共邮箱，以消除被调查者的顾虑；同时，在发放问卷的通知中对调查范围、调查目的等都做出了明确说明。

数据收集期限为2020年4月至2020年8月，共向170个企业发放问卷，管理层问卷全部回收共计170份，员工问卷共计回收590份，剔除无效问卷之后，最终有166份管理层问卷和571份员工问卷合格。

三、样本的描述性统计

1.企业的地域分布

本研究调查的样本企业区域分布较为广泛，样本企业所处的地区覆盖了全国较大范围的地区。在样本企业中，东部地区企业占比为59.6%，中部地区企业占比为16.3%，西部地区企业占比为16.9%，东北地区企业占比为7.2%。

表6-1 样本企业的地区分布

地区分布		频率	百分比（%）	有效百分比（%）	累计百分比（%）
有效	东部地区	99	59.6	59.6	59.6
	中部地区	27	16.3	16.3	75.9
	西部地区	28	16.9	16.9	92.8
	东北地区	12	7.2	7.2	100.0
	总计	166	100.0	100.0	

2.行业分布

本研究调查的样本企业行业分布较为广泛，按照国家统计局的企业行业分类标准，几乎各个行业的企业都有涉及，其中制造业、金融业、信息技术产业的企业所占比例较高，其他行业的企业所占比例较低。

表 6-2 样本企业的行业分布

行业分布		频率	百分比（％）	有效百分比（％）	累计百分比（％）
有效	制造业	38	22.9	22.9	22.9
	金融业	33	19.9	19.9	42.8
	信息技术产业	21	12.7	12.7	55.5
	旅游业	9	5.4	5.4	60.9
	建筑业	5	3.0	3.0	63.9
	交通运输及仓储业	10	6.0	6.0	69.9
	采矿业	8	4.8	4.8	74.7
	农林牧渔业	8	4.8	4.8	79.5
	零售业	7	4.2	4.2	83.7
	酒店和餐饮业	2	1.2	1.2	84.9
	房地产业	9	5.4	5.4	90.3
	商务服务业	11	6.6	6.7	97.0
	其他行业	5	3.0	3.0	100.0
	总计	166	100.0	100.0	

3.成立年限

关于企业成立年限，在所有样本企业中，成立年限1~5年的企业所占比例为17.5%，成立年限6~10年的企业占18.1%，11~15年的企业所占比例为29.5%，16~20年的企业占15.1%，21年以上的企业为19.8%。

表 6-3 样本企业的成立年限

成立年限		频率	百分比（%）	有效百分比（%）	累计百分比（%）
有效	1~5年	29	17.5	17.5	17.5
	6~10年	30	18.1	18.1	35.6
	11~15年	49	29.5	29.5	65.1
	16~20年	25	15.1	15.1	80.2
	21年及以上	33	19.8	19.8	100.0
	总计	166	100.0	100.0	

4.企业性质

本研究调查的样本企业性质分布较为广泛，在统计中可以看到企业性质分布的具体情况。在所有样本企业中，国有独资及国有控股企业所占比例为30.7%，集体所有制企业占24.1%，民营企业所占比例为34.9%，外商独资或合资企业占4.8%，其他类型企业占5.4%。

表 6-4 样本企业的性质

企业性质		频率	百分比（%）	有效百分比（%）	累计百分比（%）
有效	国有独资及国有控股企业	51	30.7	30.7	30.7
	集体所有制企业	40	24.1	24.1	54.8
	民营企业	58	34.9	34.9	89.7
	外商独资或合资企业	8	4.8	4.8	94.5
	其他类型企业	9	5.5	5.5	100.0
	总计	166	100.0	100.0	

5.员工人数

本研究对样本企业员工人数进行了考察，在统计中可以看到企业员工规模的情况。在所有样本企业中，100~200人的企业所占比例为13.9%，200~400人的企业占17.5%，400~700人的企业所占比例为35.5%，700~1000人的企业占15.1%，1000人以上的企业占18.1%。

表 6-5 样本企业的员工人数

	员工人数	频率	百分比（%）	有效百分比（%）	累计百分比（%）
有效	100~200人	23	13.9	13.9	13.9
	200~400人	29	17.5	17.5	31.4
	400~700人	59	35.5	35.5	66.9
	700~1000人	25	15.1	15.1	82.0
	1000人以上	30	18.0	18.0	100.0
	总计	166	100.1	100.0	

6.企业的销售额

通过对样本企业销售额的调查，可以发现样本企业运营的基本情况。在所有样本企业中，销售额在0.5亿~1亿元的企业占18.1%，1亿~5亿元的企业占19.9%，5亿~20亿元的企业占31.9%，20亿~50亿元的企业占13.3%，50亿元以上的企业占16.9%。

表 6-6 样本企业的销售额

	销售额（元）	频率	百分比（%）	有效百分比（%）	累计百分比（%）
有效	0.5亿~1亿	30	18.1	18.1	18.1
	1亿~5亿	33	19.9	19.9	38.0

（续表）

有效	5亿~20亿	53	31.9	31.9	69.9
	20亿~50亿	22	13.2	13.2	83.1
	50亿以上	28	16.9	16.9	100.0
	总计	166	100.1	100.1	

第二节　正式调研的信度与效度分析

一、内部一致性检验

本研究通过SPSS 24.0计算了克隆巴赫Alpha值，检验量表的内部一致性信度；用AMOS 23.0进行了验证性因子分析，检验量表的组合信度以及聚敛效度和结构效度。战略人力资源量表的α系数为0.916；动态能力的三个潜变量中，感知能力的α系数为0.831，整合能力的α系数为0.897，重构能力的α系数为0.866；竞争优势的三个潜变量中，低成本优势的α系数为0.870，差异化优势的α系数为0.901，集中化优势的α系数为0.884；环境动态性量表的α系数为0.875；员工主动行为的α系数为0.907；全部量表及其变量的α系数均大于0.7。而且将量表的任何一个题项删除后，各变量信度系数并无明显提升。因此本研究正式调研的各量表具有良好的内部一致性信度。

表 6-7 内部一致性检验

题项	删除项后的标度平均值	删除项后的标度方差	修正后的项与总计相关性	删除项后的克隆巴赫Alpha值	克隆巴赫Alpha值
战略人力资源1	18.01	20.763	0.809	0.894	
战略人力资源2	18.14	22.629	0.718	0.907	
战略人力资源3	17.99	22.018	0.731	0.905	0.916
战略人力资源4	17.98	21.769	0.798	0.896	
战略人力资源5	18.05	21.639	0.759	0.901	
战略人力资源6	17.99	21.842	0.761	0.901	
感知能力1	7.37	2.938	0.697	0.760	
感知能力2	7.31	2.980	0.721	0.736	0.831
感知能力3	7.22	3.262	0.655	0.800	
整合能力1	7.77	3.369	0.786	0.863	
整合能力2	7.77	3.284	0.839	0.819	0.897
整合能力3	7.83	3.305	0.769	0.879	
重构能力1	7.36	3.249	0.743	0.812	
重构能力2	7.42	2.996	0.787	0.771	0.866
重构能力3	7.46	3.438	0.706	0.846	

（续表）

低成本优势1	7.28	3.062	0.749	0.818	
低成本优势2	7.39	3.099	0.782	0.788	0.870
低成本优势3	7.37	3.229	0.722	0.842	
差异化优势1	7.10	3.474	0.808	0.855	
差异化优势2	7.14	3.405	0.792	0.871	0.901
差异化优势3	7.14	3.579	0.814	0.851	
集中化优势1	6.99	3.406	0.807	0.804	
集中化优势2	7.01	3.642	0.767	0.841	0.884
集中化优势3	6.90	3.547	0.748	0.858	
环境动态性1	7.78	3.031	0.795	0.792	
环境动态性2	7.71	3.298	0.764	0.821	0.875
环境动态性3	7.73	3.469	0.725	0.855	
员工主动行为1	19.51	18.215	0.763	0.887	
员工主动行为2	19.73	18.657	0.725	0.893	
员工主动行为3	19.81	19.292	0.720	0.893	0.907
员工主动行为4	19.63	17.823	0.821	0.878	

（续表）

员工主动 行为5	19.75	18.384	0.745	0.890	0.907
员工主动 行为6	19.86	19.409	0.680	0.899	

二、基于验证性因子分析的信效度分析

1.战略人力资源管理验证性因子分析

（1）模型设定。本研究将战略人力资源管理界定为一个维度，即由一个潜变量组成，通过6个题项对其进行测量。本研究设定的模型如图6-1所示。

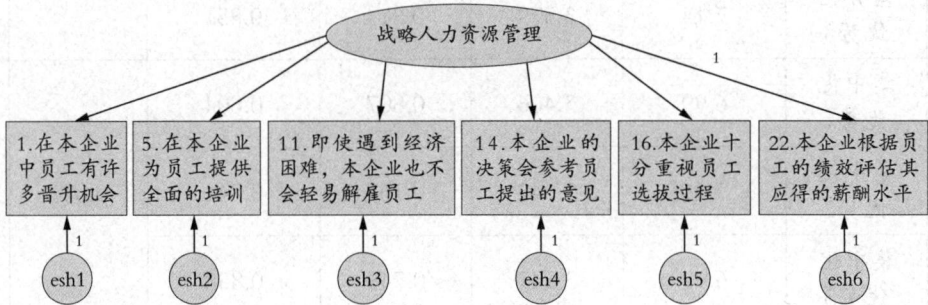

图 6-1 基本测量模型

（2）模型识别。用AMOS 23.0软件可以将竞争优势验证性因子分析图画出，战略人力资源管理共一个维度，一共有6个测量题项。根据评估模型识别的t规则，首先需要计算不重复数据量，由以上数据可得P=6，因此，P*（P+1）/2=21，即共有21个不重复数据；其次要计算待估计参数总量，从模型图可知，模型共计有12个待估计参数，小于不重复数据量，自由度为9，满足被识别的必要条件。

Standardized estimates
Default model
卡方值=4.981（p=0.836）；自由度=9
RMSEA=0.000；AGFI=0.977；GFI=0.990
CFI=1.000；NFI=0.992

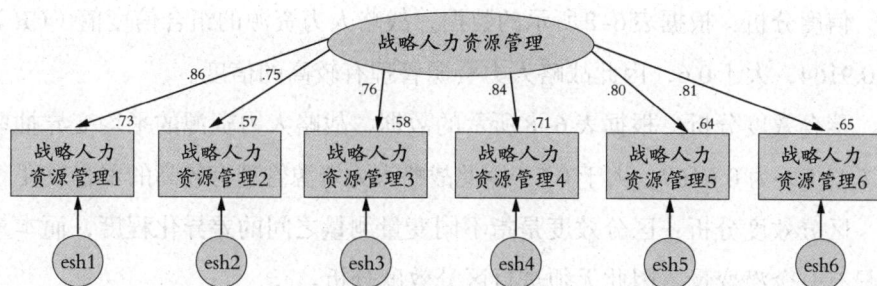

图 6-2 模型拟合程度

（3）模型评估。用 AMOS 23.0 对战略人力资源管理验证性因子分析模型进行演算，得到上表所示各参数值。考察参数值，CMIN/DF = 3.467<5；拟合优度绝对指标 RMSEA = 0.000 < 0.05，GFI = 0.990 > 0.900，AGFI = 0.977 > 0.900；拟合优度相对指标 CFI = 1.000 > 0.900；NFI = 0.992 > 0.900。因此，战略人力资源管理验证性因子分析模型有良好的拟合度，模型可以接受。

表 6-8 信度与效度指标

	非标准负荷	标准负荷	S.E.	C.R.	P	CR	AVE
战略人力资源1	1.141	0.855	0.09	12.696			
战略人力资源2	0.889	0.753	0.084	10.557	★★★		
战略人力资源3	0.957	0.764	0.089	10.81	★★★		
战略人力资源4	1.015	0.842	0.082	12.366	★★★	0.9164	0.6467
战略人力资源5	1.018	0.8	0.088	11.525	★★★		
战略人力资源6	1	0.806			★★★		

信度分析：根据表6-8所示的数据，战略人力资源的组合信度值（CR）为0.9164，大于0.6，因此战略人力资源管理有较高的信度。

聚合效度分析：根据表6-8所示的数据，战略人力资源的平均变异抽取量（AVE）为0.6467，大于0.5，因此战略人力资源管理有较高的聚合效度。

区分效度分析：区分效度是指不同变量测量之间的差异化程度，而本量表只有一个潜变量，因此无须进行区分效度分析。

2.动态能力验证性因子分析

（1）模型设定。本研究将动态能力界定为3个维度，即由3个潜变量组成，通过9个题项对其进行测量。本研究设定的模型如图6-3所示.

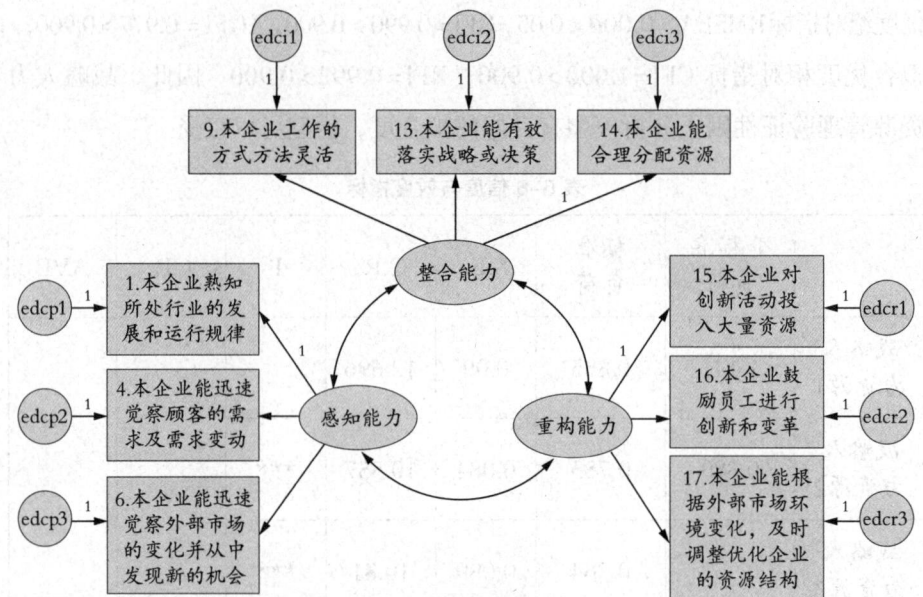

图 6-3 基本测量模型

（2）模型识别。用AMOS 23.0软件可以将动态能力验证性因子分析图画出，动态能力共有3个维度，一共有9个测量题项。根据评估模型识别的 t 规则，首先需要计算不重复数据量，由以上数据可得 P = 9，因此，P*（P+1）/2 = 45，即共有45个不重复数据；其次要计算待估计参数总量，从模型图可知，模型共计有21个待估计参数，小于不重复数据量，自由度为24，满足被识别的必要条件。

Standardized estimates
Default model
卡方值=23.914（p=0.467）；自由度=24
RMSEA=0.000；AGFI=0.947；GFI=0.972
CFI=1.000；NFI=0.972

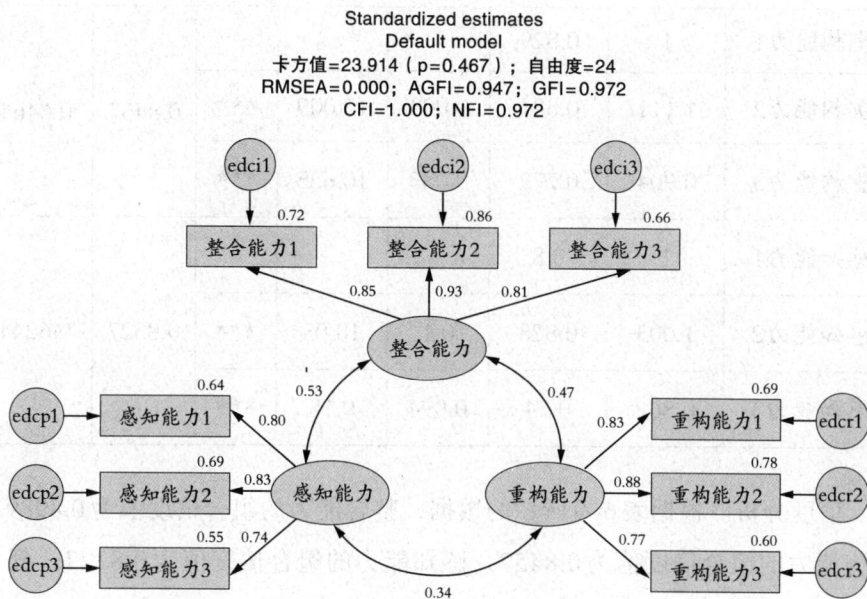

图6-4 模型拟合程度

（3）模型评估。用AMOS 23.0对动态能力验证性因子分析模型进行演算（平均变抽取量AVC需要手工计算），得到上表所示各参数值。考察参数值，CMIN/DF=3.467<5；拟合优度绝对指标RMSEA=0.000<0.05，GFI=0.972>0.900，AGFI=0.947>0.900；拟合优度相对指标CFI=1.000>0.900；NFI=0.972>0.900。因此，动态能力验证性因子分析模型有良好的拟合度，模型可以接受。

表6-9 信度与效度指标

	非标准负荷	标准负荷	S.E.	C.R.	P	CR	AVE
整合能力1	1.008	0.847	0.08	12.627	★★★		
整合能力2	1.092	0.93	0.079	13.753	★★★	0.8989	0.7483
整合能力3	1	0.814					

（续表）

重构能力1	1	0.829					
重构能力2	1.111	0.881	0.093	12.009	***	0.8457	0.6464
重构能力3	0.904	0.772	0.085	10.635	***		
感知能力1	1	0.8					
感知能力2	1.003	0.828	0.1	10.05	***	0.8327	0.6244
感知能力3	0.862	0.74	0.094	9.18	***		

信度分析。根据表6-9所示的数据，整合能力的组合信度值为0.8989，重构能力的组合信度值为0.8457，感知能力的组合信度值为0.8327，都大于0.6。因此动态能力各变量有较高的信度。

聚合效度分析。根据表6-9所示的数据，整合能力的平均变异抽取量为0.7483，感知能力的平均变异抽取量为0.6464，感知能力的平均变异抽取量为0.6244，都大于0.5。因此动态能力各变量有较高的聚合效度。

表 6-10 结构效度指标

	感知能力	重构能力	整合能力
感知能力	0.790		
重构能力	0.345	0.804	
整合能力	0.528	0.467	0.865
注：对角线单元格显示AVE的平方根，其他单元格为相关系数			

结构效度分析。根据表6-10所示的数据，感知能力的AVE平方根为0.790，重构能力的AVE平方根为0.804，整合能力的AVE平方根为0.865，各数据均大于其与其他变量之间的相关系数。因此，动态能力3个维度之间有良好的结构效度。

3.竞争优势验证性因子分析

（1）模型设定。本研究将竞争优势界定为3个维度，即由3个潜变量组成，通过9个题项对其进行测量。本研究设定的模型如图6-5所示。

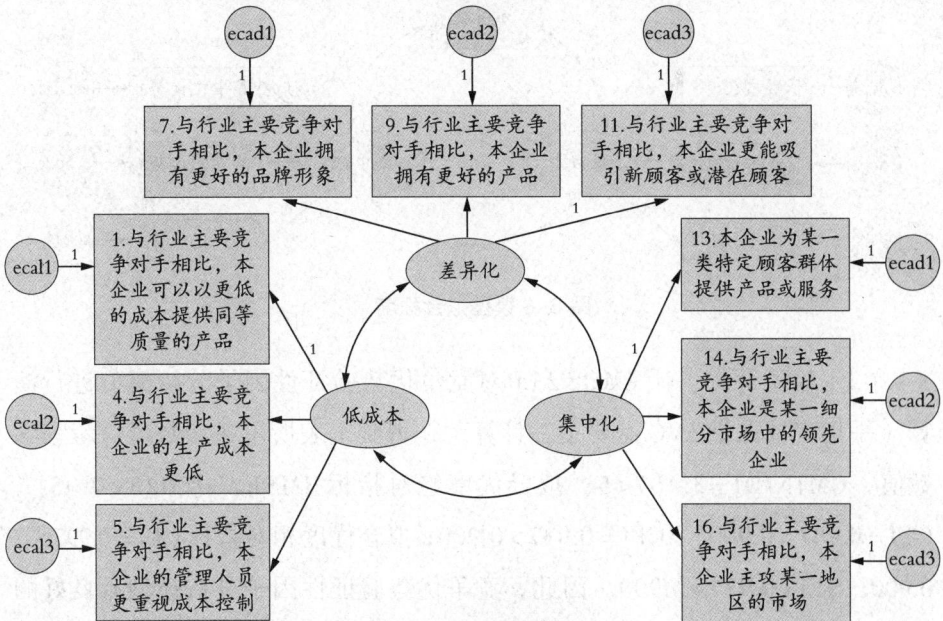

图 6-5 基本测量模型

（2）模型识别。用AMOS 23.0软件可以将竞争优势验证性因子分析图画出，竞争优势共有三个维度，一共有9个测量题项。根据评估模型识别的 t 规则，首先需要计算不重复数据量，由以上数据可得 p=9，因此，p*（p+1）/2=45，即共有45个不重复数据；其次要计算待估计参数总量，从模型图可知，模型共计有21个待估计参数，小于不重复数据量，自由度为24，满足被识别的必要条件。

Standardized estimates
Default model
卡方值=26.464（p=0.330）；自由度=24
RMSEA=0.025；AGFI=0.937；GFI=0.967
CFI=0.997；NFI=0.971

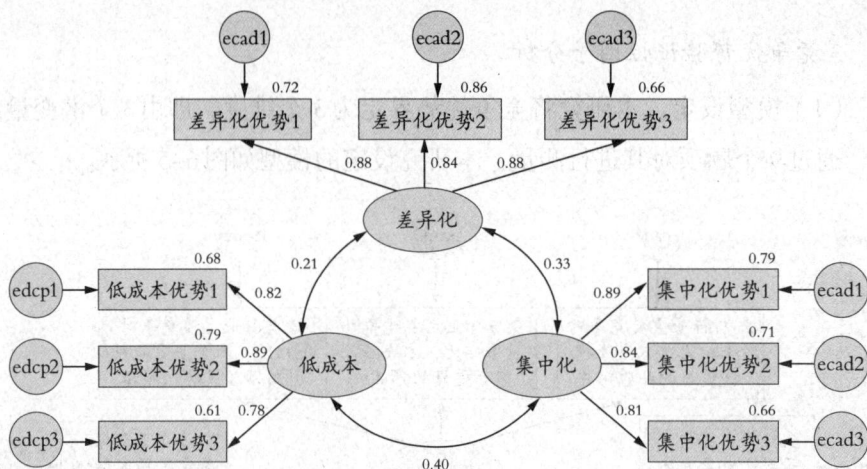

图 6-6 模型拟合程度

（3）模型评估。用 AMOS 23.0 对竞争优势验证性因子分析模型进行演算（平均变抽取量 AVC 需要手工计算），得到上表所示各参数值。考察参数值，CMIN/DF=3.467<5；拟合优度绝对指标 RMSEA=0.025<0.05，GFI = 0.967 > 0.900，AGFI = 0.937 > 0.900；拟合优度相对指标 CFI = 0.997 > 0.900；NFI = 0.971 > 0.900。因此，竞争优势验证性因子分析模型有良好的拟合度，模型可以接受。

表 6-11 信度与效度指标

	非标准负荷	标准负荷	S.E.	C.R.	P	CR	AVE
低成本优势1	1	0.823			★★★		
低成本优势2	1.039	0.888	0.089	11.717	★★★	0.8705	0.6919
低成本优势3	0.918	0.781	0.084	10.895			
差异化优势1	1.036	0.88	0.073	14.164			
差异化优势2	1.026	0.844	0.075	13.711	★★★	0.8849	0.7195
差异化优势3	1	0.88			★★★		

（续表）

集中化优势1	1	0.888					
集中化优势2	0.915	0.844	0.07	13.019	★★★	0.9017	0.7537
集中化优势3	0.918	0.811	0.073	12.512	★★★		

信度分析。根据表6-11所示的数据，低成本优势的组合信度值为0.8705，集中化优势的组合信度值为0.8849，差异化优势的组合信度值为0.9017，都大于0.6。因此竞争优势各变量有较高的信度。

聚合效度分析。根据表6-11所示的数据，低成本优势的平均变异抽取量为0.6919，集中化优势的平均变异抽取量为0.7195，差异化优势的平均变异抽取量为0.7537，都大于0.5。因此，竞争优势各变量有较高的聚合效度。

表6-12 结构效度指标

	低成本优势	差异化优势	集中化优势
低成本优势	0.868		
差异化优势	0.206	0.832	
集中化优势	0.403	0.329	0.848
注：对角线单元格显示AVE的平方根，其他单元格为相关系数			

结构效度分析。根据表6-12所示的数据，低成本优势的AVE平方根为0.868，差异化优势的AVE平方根为0.832，集中化优势的AVE平方根为0.848，各数据均大于其与其他变量之间的相关系数。因此，竞争优势三个维度之间有良好的结构效度。

4.环境动态性验证性因子分析

（1）模型设定。本研究将环境动态性界定为1个维度，即由1个潜变量组成，通过3个题项对其进行测量。本研究设定的模型如图6-7所示。

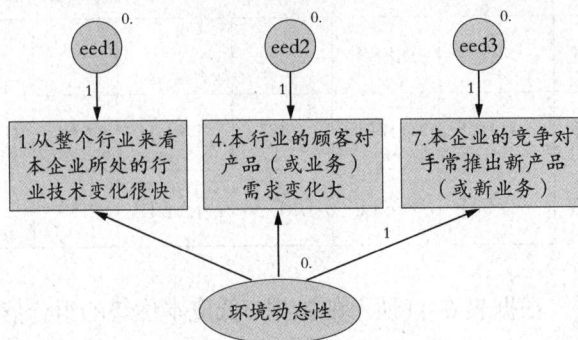

图 6-7 基本测量模型

（2）模型识别。用AMOS 23.0软件可以将环境动态性验证性因子分析图画出，环境动态性共有一个维度，一共有3个测量题项。根据评估模型识别的t规则，首先需要计算不重复数据量，由以上数据可得P＝3，因此，P＊（P+1）/2＝6，即共有6个不重复数据，模型为饱和模型，因此采取固定一个题项的方差为0.001来减少待估计参数的方法。从模型图可知，模型共计有5个待估计参数，小于不重复数据量，自由度为1，满足被识别的必要条件。

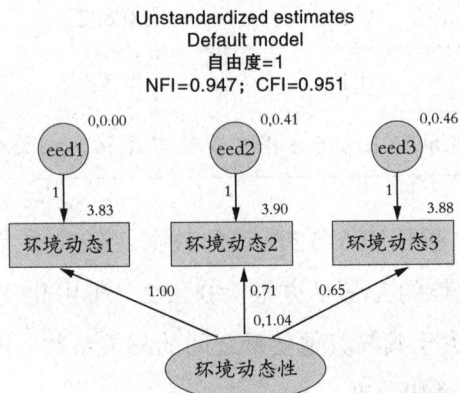

图 6-8 模型拟合程度

（3）模型评估。用AMOS 23.0对环境动态性验证性因子分析模型进行演算，得到上表所示各参数值。考察参数值，CMIN/DF＝3.467＜5；拟合优度相对指标CFI＝0.951＞0.900；NFI＝0.947＞0.900。因此，环境动态性验证性因子分析模型有良好的拟合度，模型可以接受。

表 6-13 信度与效度指标

	非标准负荷	标准负荷	S.E.	C.R.	P	CR	AVE
环境动态性1	1	1					
环境动态性2	0.707	0.748	0.049	14.466	★★★	0.8628	0.6827
环境动态性3	0.645	0.699	0.051	12.529	★★★		

信度分析。根据表 6-13 所示的数据，环境动态性的组合信度值为 0.8628，大于 0.6，因此环境动态性有较高的信度。

聚合效度分析。根据表 6-13 所示的数据，环境动态性的平均变异抽取量为 0.6827，大于 0.5，因此环境动态性有较高的聚合效度。

区分效度分析。区分效度是指不同变量测量之间的差异化程度，而本量表只有1个潜变量，因此无须进行区分效度分析。

5.员工主动行为验证性因子分析

（1）模型设定。本研究将员工主动行为界定为1个维度，即由1个潜变量组成，通过6个题项对其进行测量。本研究设定的模型如图6-9所示。

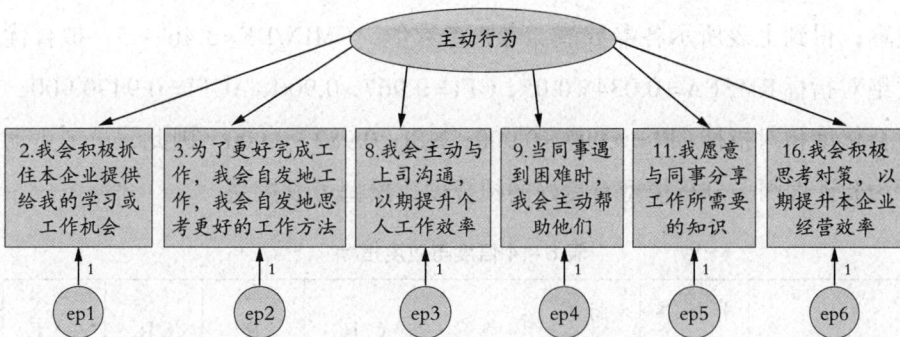

图 6-9 基本测量模型

（2）模型识别。用AMOS 23.0 软件可以将员工主动行为验证性因子分析图画出，员工主动行为共有一个维度，一共有6个测量题项。根据评估模型识别的 t 规则，首先需要计算不重复数据量，由以上数据可得 p=6，因此，P*（P+1）/2=21，即共有21个不重复数据；其次要计算待估计参数总量，从模型图可知，模型共计有12个待估计参数，小于不重复数据量，自由度为9，满足被识别的必要条件。

Unstandardized estimates
Default model
卡方值=10.763（p=0.292）；自由度=9
RMSEA=0.034；AGFI=0.949；GFI=0.978
CFI=0.997；NFI=0.982

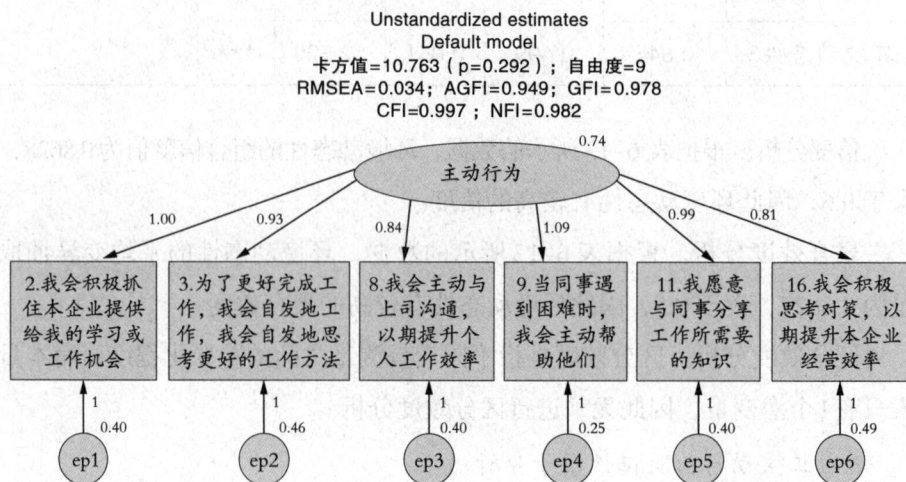

图 6-10 模型拟合程度

（3）模型评估。用AMOS 23.0对员工主动行为验证性因子分析模型进行演算，得到上表所示各参数值。考察参数值，CMIN/DF=3.467<5；拟合优度绝对指标RMSEA=0.034<0.05，GFI=0.967>0.900，AGFI=0.9490.900；拟合优度相对指标CFI=0.997>0.900；NFI=0.982>0.900。因此，员工主动行为验证性因子分析模型有良好的拟合度，模型可以接受。

表 6-14 信度与效度指标

	非标准负荷	标准负荷	S.E.	C.R.	P	CR	AVE
主动行为1	1	0.806				0.907	0.6202
主动行为2	0.929	0.763	0.086	10.779	★★★		

（续表）

主动行为3	0.845	0.755	0.08	10.614	★★★		
主动行为4	1.087	0.882	0.083	13.026	★★★		
主动行为5	0.991	0.802	0.087	11.387	★★★	0.907	0.6202
主动行为6	0.811	0.706	0.083	9.82	★★★		

信度分析。根据表6-14所示的数据，员工主动行为的组合信度值为0.907，大于0.6，因此员工主动行为有较高的信度。

聚合效度分析。根据表6-14所示的数据，员工主动行为的平均变异抽取量为0.6202，大于0.5，因此员工主动行为有较高的聚合效度。

区分效度分析。区分效度是指不同变量测量之间的差异化程度，而本量表只有一个潜变量，因此无须进行区分效度分析。

第三节 模型参数估计与假设检验

一、战略人力资源管理对企业竞争优势的影响

以战略人力资源管理为自变量，以企业竞争优势为因变量，用结构方程模型进行分析，概念模型如图6-11所示。在概念模型中，企业竞争优势的三个维度包括低成本优势、差异化优势和集中化优势，假设战略人力资源管理与企业竞争优势的三个维度正相关。

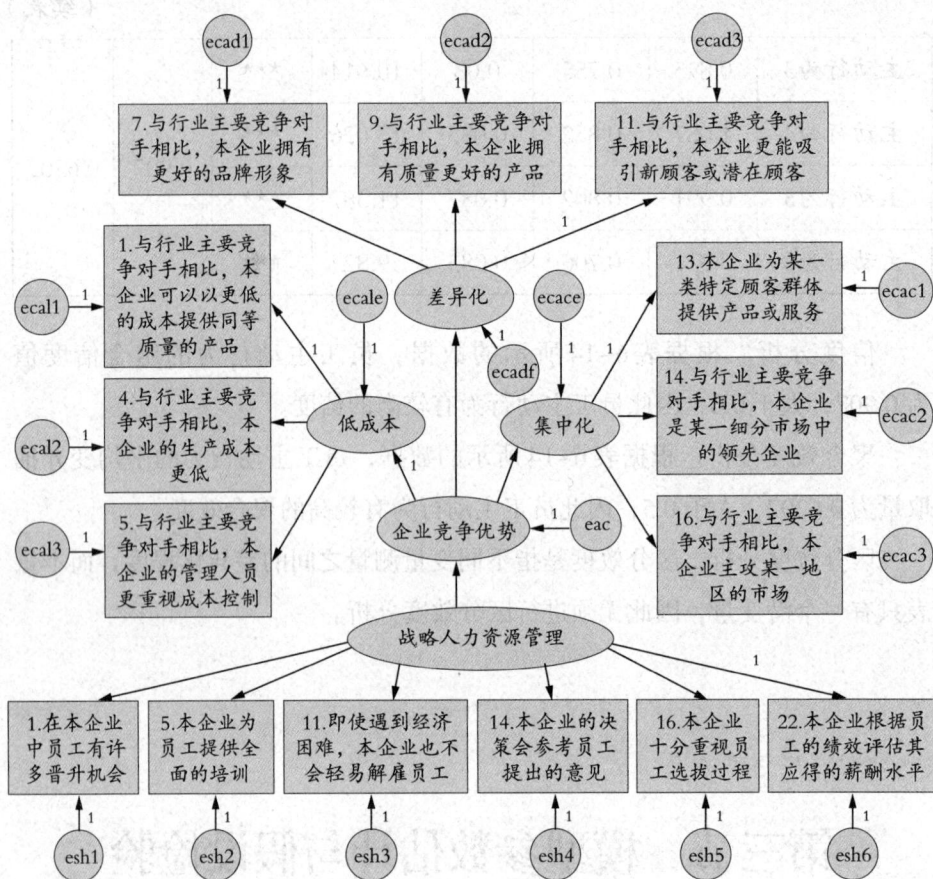

图 6-11 维度划分与题项选择

1.战略人力资源管理对竞争优势的总体影响

（1）模型设定与识别。根据前面概念模型设定结构方程模型，以战略人力资源管理为自变量，以竞争优势为因变量，模型设定如图 6-11 所示。战略人力资源管理的测量项目是六个，竞争优势的测量项目是九个。在战略人力资源管理与竞争优势因果关系模型中，总的自由度为120，模型共计34个估计参数，小于自由度，满足模型被识别的必要条件。另外模型不存在潜变量的双向因果关系，因此，模型符合可识别的充分和必要条件。本研究运用软件对战略人力资源管理与竞争优势因果关系模型进行了分析，分析结果如图 6-11 所示，拟合值如表 6-15 所示。

表 6-15 模型拟合判定标准

绝对拟合度 指标	卡方P值	GFI	AGFI	RMR	RMSEA
标准	p>0.05	>0.9	>0.9	<0.05	<0.08
实际值	0.367	0.933	0.907	0.048	0.016
增值拟合度 指标	NFI	RFI	IFI	TLI	CFI
标准	>0.9	>0.9	>0.9	>0.9	>0.9
实际值	0.947	0.935	0.998	0.997	0.998
简约拟合度 指标	PGFI	PNFI	AIC	CAIC	
标准	>0.5	>0.5	理论模型小于饱和模型和独立模型		
实际值	0.669	0.776	接受	接受	

（2）模型拟合。本研究使用极大似然法（The Method Of Maximum Likelihood）对战略人力资源管理与竞争优势因果关系模型进行估计。模型的关键拟合指标可以分为三类：绝对拟合度指标、增值拟合度指标和简约拟合度指标，其中在绝对拟合度指标中，卡方值为 89.842（P=0.367），GFI=0.933，AGFI=0.907、RMR=0.048，RMSEA=0.016，绝对拟合度指标通过检验。在增值拟合度指标中，NFI=0.947，RFI=0.935，IFI=0.998，TLI=0.997，CFI=0.998，增值拟合度指标通过检验。在简约拟合度指标中，PGFI=0.669、PNFI=0.776达到标准，AIC、CAIC达到标准，模型拟合度良好。

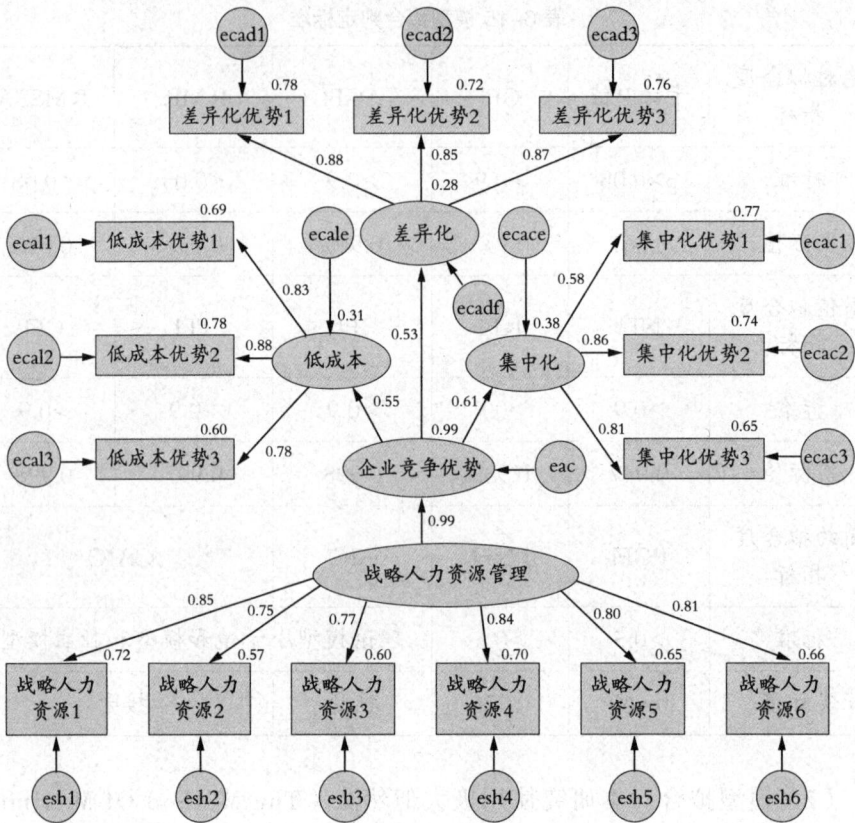

图 6-12 模型的标准化路径系数

（3）模型解释。由图 6-12 和表 6-15 可以发现，战略人力资源管理对企业竞争优势的影响路径系数为 0.993，达到 0.01 的显著水平，说明战略人力资源管理对企业竞争优势的正向影响非常显著，因此支持研究假设 H1。

2.战略人力资源管理对竞争优势各维度的影响

上文已经判断战略人力资源管理对企业竞争优势具有显著正向影响，下面将对战略人力资源管理究竟影响竞争优势的哪一个维度进行讨论，对战略人力资源管理与竞争优势的结构关系进行验证，以揭示战略人力资源管理各个因素对企业竞争优势的影响机制。

（1）模型设定与识别。根据前面概念模型设定结构方程模型，以战略人力资源管理为自变量，以竞争优势为因变量。战略人力资源管理的测量项目是六个，竞争优势的测量项目是九个。在战略人力资源管理与竞争优势因果关系模型中，总的自由度为120，模型共计32个估计参数，小于自由度，满足模型被识别的必要条件。另外，模型不存在潜变量的双向因果关系，因此模型符合可识别的充分和必要条件。本研究运用软件对战略人力资源管理与竞争优势各维度因果关系模型进行了分析，拟合值如表6-16所示。

表 6-16 模型拟合判定标准

绝对拟合度指标	卡方P值	GFI	AGFI	RMR	RMSEA
标准	p>0.05	>0.9	>0.9	<0.05	<0.08
实际值	0.3	0.917	0.887	0.018	0.043
增值拟合度指标	NFI	RFI	IFI	TLI	CFI
标准	>0.9	>0.9	>0.9	>0.9	>0.9
实际值	0.933	0.920	0.980	0.984	0.983
简约拟合度指标	PGFI	PNFI	AIC	CAIC	
标准	>0.5	>0.5	理论模型小于饱和模型和独立模型		
实际值	0.673	0.782	接受	接受	

（2）模型拟合。本研究使用极大似然法对战略人力资源管理与竞争优势各维度因果关系模型进行估计。模型的关键拟合指标可以分为三类：绝对拟合度指标、增值拟合度指标和简约拟合度指标，其中在绝对拟合度指标中，卡方值为114.539（p=0.3），GFI=0.917，AGFI=0.887、RMR=0.118，RMSEA=0.043，绝对拟合度指标基本通过检验。在增值拟合度指标中，NFI=0.933，RFI=0.920，IFI=0.980，TLI=0.984，CFI=0.983，增值拟合度指标通过检验。在简约拟合度指标中，PGFI=0.673、PNFI=0.782达到标准，AIC、CAIC达到标准，模型拟合度良好。

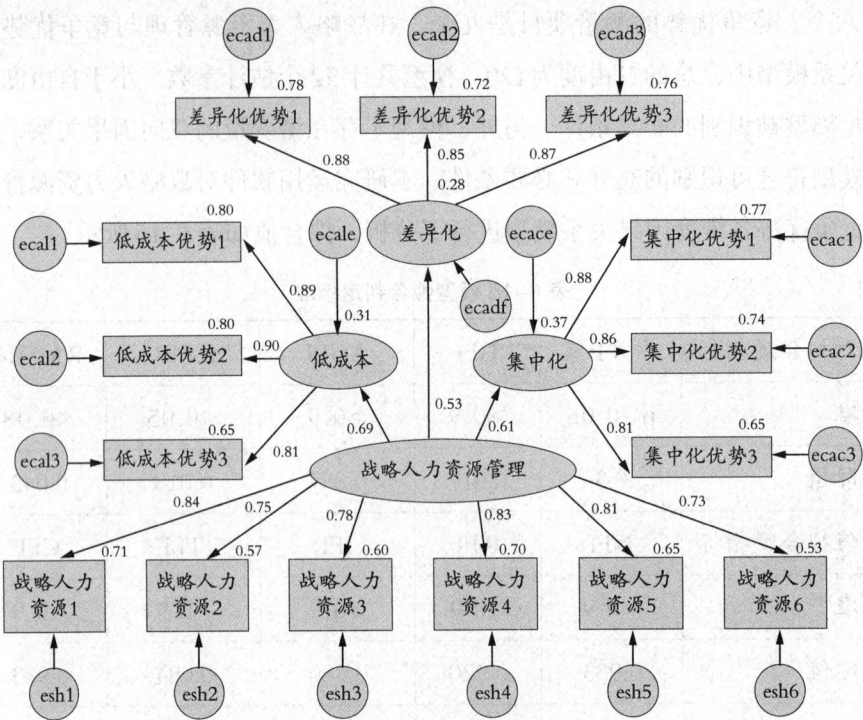

图 6-13 模型的标准化路径系数

（3）模型解释。由图6-13和表6-17可以发现，战略人力资源管理对企业竞争优势的三个维度都产生影响，低成本优势、差异化优势、集中化优势的影响路径系数分别为0.691、0.525、0.610，达到0.01的显著水平，说明战略人力资源管理对企业竞争优势三个维度的正向影响非常显著，因此支持研究假设H1a、H1b、H1c。

表 6-17 模型路径系数

	非标准化路径系数	标准化路径系数	S.E.	C.R.	P
战略人力资源管理 → 低成本优势	1.000	0.691			
战略人力资源管理 → 差异化优势	0.614	0.525	0.098	6.247	***

（续表）

	非标准化路径系数	标准化路径系数	S.E.	C.R.	P
战略人力资源管理 → 集中化优势	0.762	0.610	0.105	7.264	***

二、战略人力资源管理对动态能力的影响

以战略人力资源管理为自变量，以动态能力为因变量，用结构方程模型进行分析，概念模型如图6-14所示。在概念模型中，动态能力的三个维度包括感知能力、整合能力和重构能力，假设战略人力资源管理与动态能力的三个维度正相关。

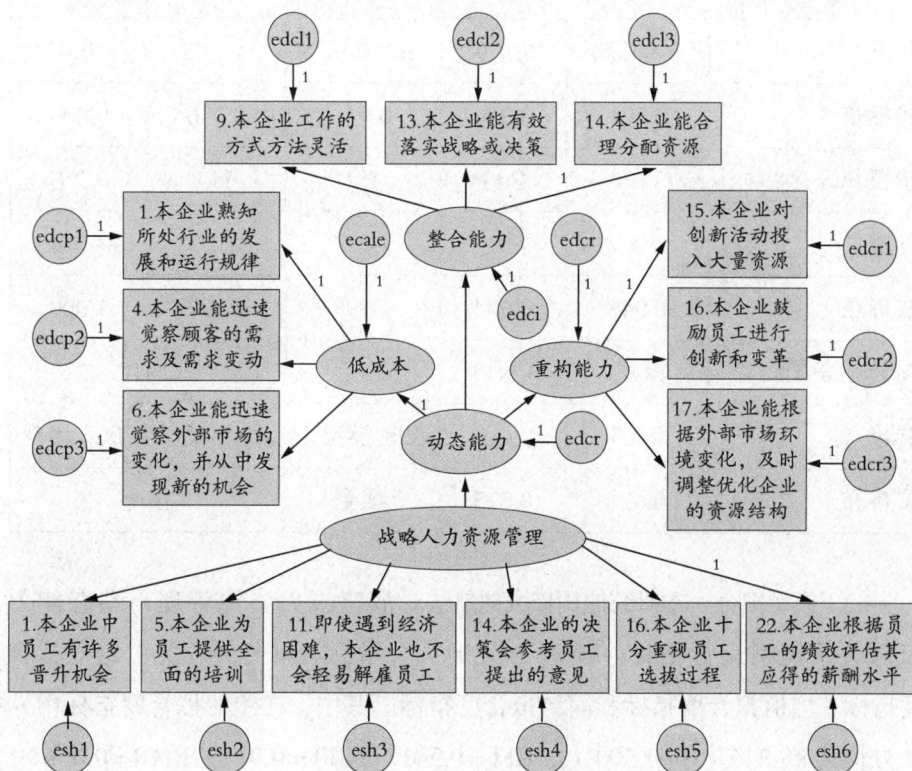

图6-14 维度划分与题项选择

137

1.战略人力资源管理对动态能力的总体影响

（1）模型设定与识别。根据概念模型设定结构方程模型，以战略人力资源管理为自变量，以动态能力为因变量，模型设定如图6-14所示。战略人力资源管理的测量项目是六个，动态能力的测量项目是九个。在战略人力资源管理与动态能力因果关系模型中，总的自由度为120，模型共计34个估计参数，小于自由度，满足模型被识别的必要条件。另外，模型不存在潜变量的双向因果关系，因此模型符合可识别的充分和必要条件。本研究运用软件对战略人力资源管理与动态能力因果关系模型进行了分析，拟合值如表6-18所示。

表 6-18 模型拟合判定标准

绝对拟合度指标	卡方P值	GFI	AGFI	RMR	RMSEA
标准	p>0.05	>0.9	>0.9	<0.05	<0.08
实际值	0.504	0.936	0.911	0.056	0.000
增值拟合度指标	NFI	RFI	IFI	TLI	CFI
标准	>0.9	>0.9	>0.9	>0.9	>0.9
实际值	0.946	0.934	0.998	0.997	1.000
简约拟合度指标	PGFI	PNFI	AIC	CAIC	
标准	>0.5	>0.5	理论模型小于饱和模型和独立模型		
实际值	0.671	0.775	接受	接受	

（2）模型拟合。本研究使用极大似然法对战略人力资源管理与动态能力因果关系模型进行估计。模型的关键拟合指标可以分为三类：绝对拟合度指标、增值拟合度指标和简约拟合度指标。其中，在绝对拟合度指标中，卡方值为85.215（p=0.504），GFI=0.936，AGFI=0.911、RMR=0.056，RMSEA=0.000，绝对拟合度指标基本通过检验。在增值拟合度指标中，NFI=0.946，RFI=0.934，IFI=0.998，TLI=0.997，CFI=1.000，

增值拟合度指标通过检验。在简约拟合度指标中，PGFI＝0.671、PNFI＝0.775达到标准，AIC、动态能力IC达到标准，模型拟合度良好。

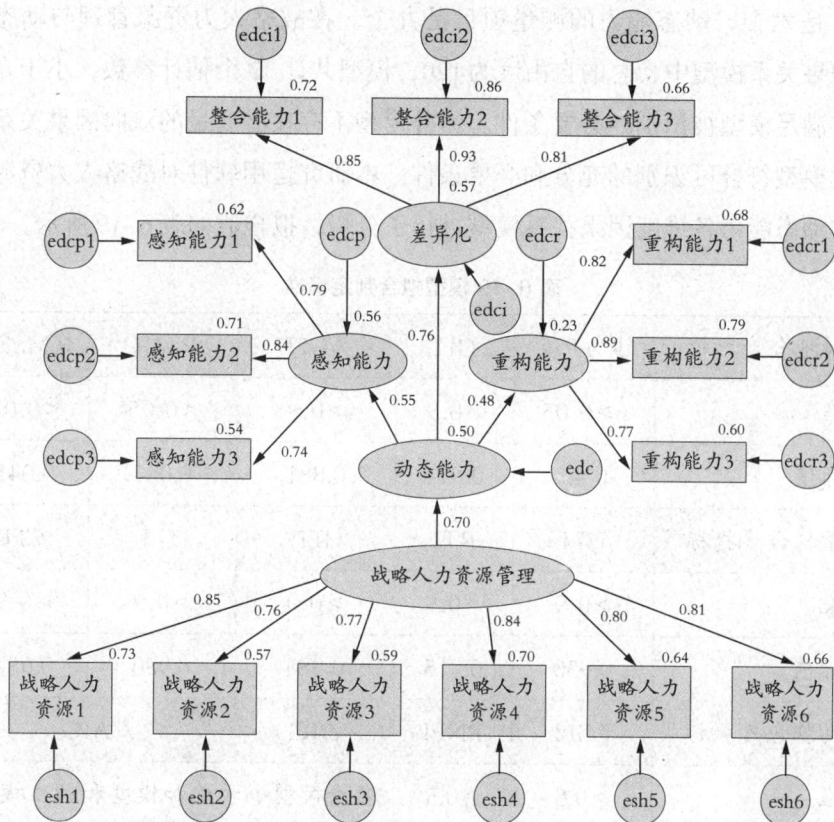

图 6–15 模型的标准化路径系数

（3）模型解释。由上面的图6–15和表6–18可以发现，战略人力资源管理对企业动态能力的影响路径系数为0.70，达到0.01的显著水平，这说明战略人力资源管理对企业动态能力的正向影响非常显著，因此支持研究假设H2。

2.战略人力资源管理对动态能力各维度的影响

上文已经判断战略人力资源管理对动态能力具有显著正向影响，下面将对战略人力资源管理究竟影响动态能力的哪一个维度进行讨论，对战略人力资源管理与动态能力的结构关系进行验证，以揭示战略人力资源管理各个因素对动态能力的影响机制。

（1）模型设定与识别。根据概念模型设定结构方程模型，以战略人力资源管理为自变量，以动态能力各维度为因变量。战略人力资源管理的测量项目是六个，动态能力的测量项目是九个。在战略人力资源管理与动态能力因果关系模型中，总的自由度为120，模型共计32个估计参数，小于自由度，满足模型被识别的必要条件。另外模型不存在潜变量的双向因果关系，因此模型符合可识别的充分和必要条件。本研究运用软件对战略人力资源管理与动态能力各维度因果关系模型进行了分析，拟合值如表6-19所示。

表 6-19 模型拟合判定标准

绝对拟合度指标	卡方P值	GFI	AGFI	RMR	RMSEA
标准	p>0.05	>0.9	>0.9	<0.05	<0.08
实际值	0.40	0.914	0.881	0.084	0.041
增值拟合度指标	NFI	RFI	IFI	TLI	CFI
标准	>0.9	>0.9	>0.9	>0.9	>0.9
实际值	0.930	0.915	0.984	0.980	0.984
简约拟合度指标	PGFI	PNFI	AIC	CAIC	
标准	>0.5	>0.5	理论模型小于饱和模型和独立模型		
实际值	0.663	0.770	接受	接受	

（2）模型拟合。本研究使用极大似然法对战略人力资源管理与动态能力各维度因果关系模型进行估计。模型的关键拟合指标可以分为三类：绝对拟合度指标、增值拟合度指标和简约拟合度指标，其中在绝对拟合度指标中，卡方值为111.456（p=0.40），GFI=0.914，AGFI=0.881、RMR=0.084，RMSEA=0.041，绝对拟合度指标基本通过检验。在增值拟合度指标中，NFI=0.930，RFI=0.915，IFI=0.984，TLI=0.980，CFI=0.984，增值拟合度指标通过检验。在简约拟合度指标中，PGFI=0.663、PNFI=0.770达到标准，AIC、动态能力IC达到标准，模型拟合度良好。

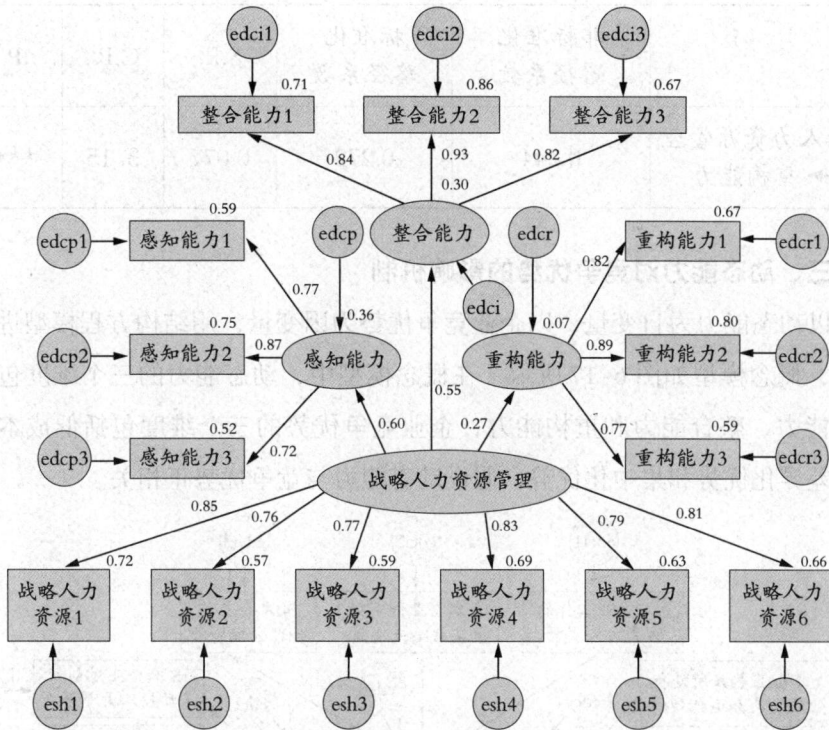

图 6-16 模型的标准化路径系数

（3）模型解释。由图 6-16 和表 6-20 可以发现，战略人力资源管理对企业动态能力的三个维度都产生影响，感知能力、整合能力、重构能力的影响路径系数分别为 0.602、0.545、0.272，达到 0.01 的显著水平，这说明战略人力资源管理对企业动态能力三个维度的正向影响非常显著，因此支持研究假设 H2a、H2b、H2c。

表 6-20 模型路径系数

	非标准化路径系数	标准化路径系数	S.E.	C.R.	P
战略人力资源管理 →感知能力	0.521	0.602	0.077	6.737	0.002
战略人力资源管理 →整合能力	0.499	0.545	0.077	6.452	***

（续表）

	非标准化路径系数	标准化路径系数	S.E.	C.R.	P
战略人力资源管理 → 重构能力	0.244	0.272	0.077	3.15	★★★

三、动态能力对竞争优势的影响机制

以动态能力为自变量，以企业竞争优势为因变量，用结构方程模型进行分析，概念模型如图6-17所示。在概念模型中，动态能力的三个维度包括感知能力、整合能力和重构能力，企业竞争优势的三个维度包括低成本优势、差异化优势和集中化优势，假设动态能力与竞争优势正相关。

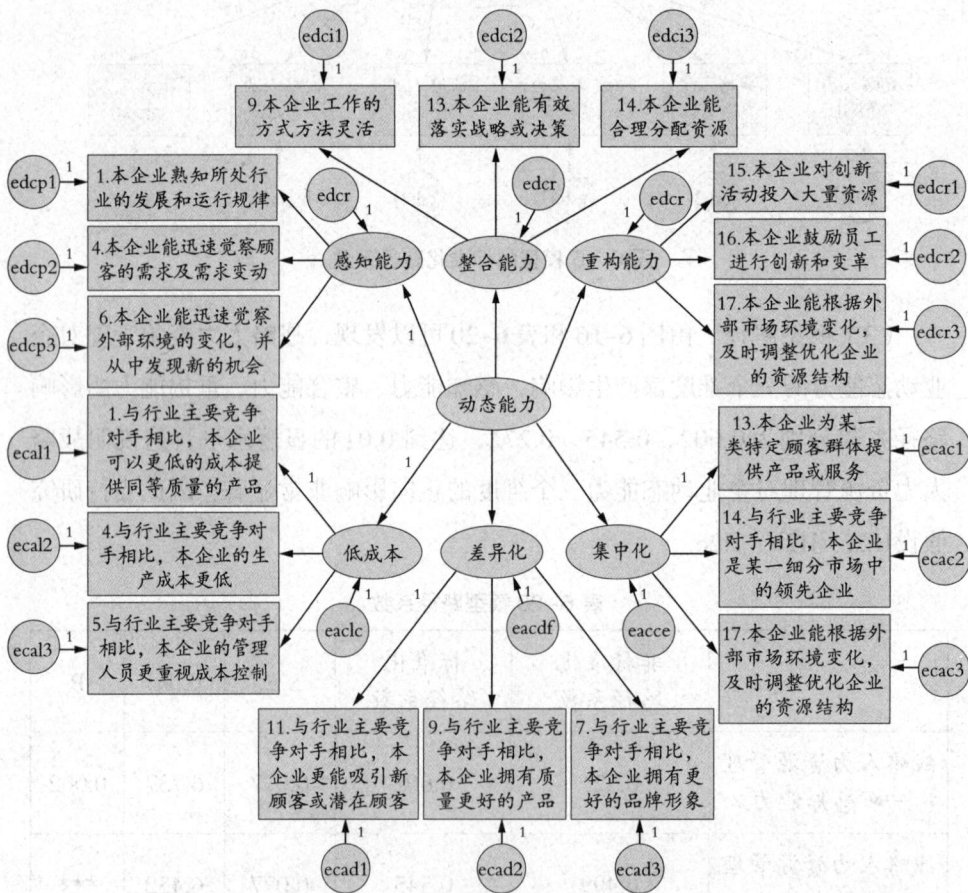

图 6-17 维度划分与题项选择

1.动态能力对竞争优势的总体影响

（1）模型设定与识别。根据概念模型设定结构方程模型，以动态能力为自变量，以竞争优势为因变量，模型设定如图6-17所示。动态能力的测量项目是9个，竞争优势的测量项目是9个。在动态能力与竞争优势因果关系模型中，总的自由度为171，模型共计43个估计参数，小于自由度，满足模型被识别的必要条件。另外模型不存在潜变量的双向因果关系，因此模型符合可识别的充分和必要条件。本研究运用软件对动态能力与竞争优势因果关系模型进行了分析，拟合值如表6-21所示。

表 6-21 模型拟合判定标准

绝对拟合度指标	卡方P值	GFI	AGFI	RMR	RMSEA
标准	p>0.05	>0.9	>0.9	<0.05	<0.08
实际值	0.12	0.903	0.870	0.054	0.043
增值拟合度指标	NFI	RFI	IFI	TLI	CFI
标准	>0.9	>0.9	>0.9	>0.9	>0.9
实际值	0.914	0.897	0.979	0.974	0.978
简约拟合度指标	PGFI	PNFI	AIC	CAIC	
标准	>0.5	>0.5	理论模型小于饱和模型和独立模型		
实际值	0.676	0.765	接受	接受	

（2）模型拟合。本研究使用极大似然法对动态能力与竞争优势因果关系模型进行估计。模型的关键拟合指标可以分为三类：绝对拟合度指标、增值拟合度指标和简约拟合度指标，其中在绝对拟合度指标中，卡方值为166.607（P=0.12），GFI=0.903，AGFI=0.870，RMR=0.054，RMSEA=0.043，绝对拟合度指标通过检验。在增值拟合度指标中，NFI=0.914，RFI=0.897，IFI=0.979，TLI=0.974，CFI=0.978，增值拟合度指标通过检验。在简约拟合度指标中，PGFI=0.676、PNFI=0.765达到标准，AIC、动态能力IC达到标准，模型拟合度良好。

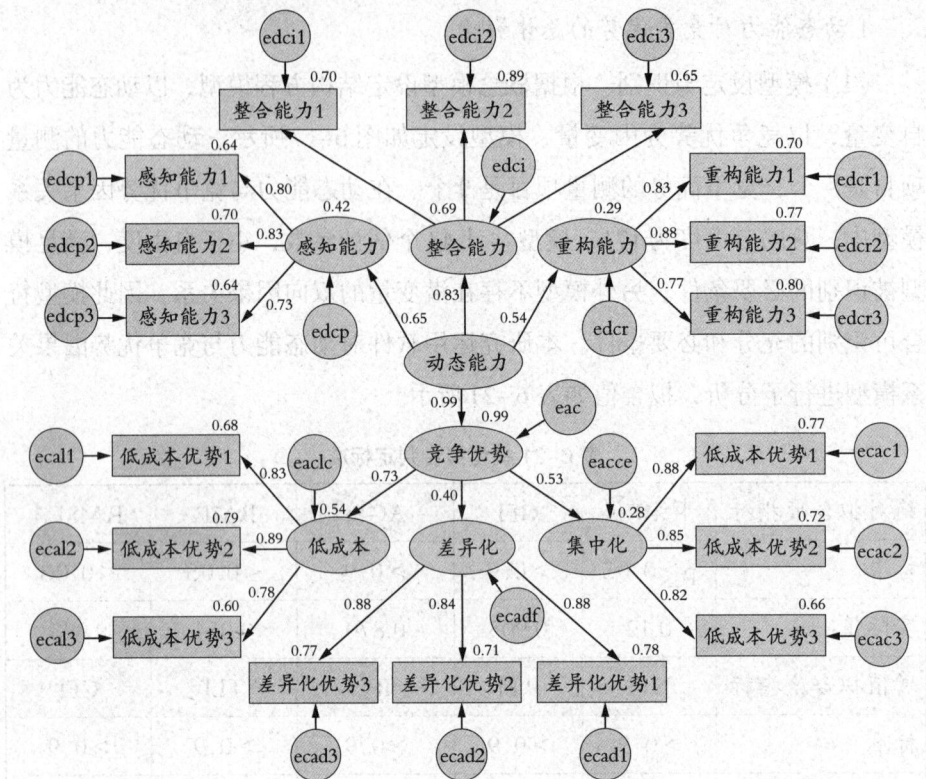

图 6-18 模型的标准化路径系数

（3）模型解释。由图 6-18 和表 6-21 可以发现，动态能力对企业竞争优势的影响路径系数为 0.994，达到 0.01 的显著水平，说明动态能力对企业竞争优势的正向影响非常显著，因此支持研究假设 H3。

2.动态能力对竞争优势各维度的影响

上文已经判断动态能力对竞争优势具有显著正向影响，下面将对动态能力究竟影响竞争优势的哪一个维度进行讨论，对动态能力与竞争优势的结构关系进行验证，以揭示动态能力各维度对竞争优势各维度的影响机制。

（1）模型设定与识别。根据概念模型设定结构方程模型，以动态能力为自变量，以竞争优势各维度为因变量。动态能力的测量项目是九个，竞争优势的测量项目是九个。在动态能力与竞争优势各维度因果关系模型中，总的自由度为 171，模型共计 41 个估计参数，小于自由度，满足模型被识别的必要条件。另外模型不存在潜变量的双向因果关系，因此模型符合可识别的充分和必要条件。本研究运用软件对动态能力与竞争优势各维度因果关系模型进行了分析，拟合值如表6-22所示。

表 6-22 模型拟合判定标准

绝对拟合度指标	卡方P值	GFI	AGFI	RMR	RMSEA
标准	p>0.05	>0.9	>0.9	<0.05	<0.08
实际值	0.15	0.902	0.872	0.055	0.042
增值拟合度指标	NFI	RFI	IFI	TLI	CFI
标准	>0.9	>0.9	>0.9	>0.9	>0.9
实际值	0.914	0.898	0.979	0.975	0.979
简约拟合度指标	PGFI	PNFI	AIC	CAIC	
标准	>0.5	>0.5	理论模型小于饱和模型和独立模型		
实际值	0.686	0.776	接受	接受	

（2）模型拟合。本研究使用极大似然法对动态能力与竞争优势各维度因果关系模型进行估计。模型的关键拟合指标可以分为三类：绝对拟合度指标、增值拟合度指标和简约拟合度指标，其中在绝对拟合度指标中，卡方值为167.277（P=0.15），GFI=0.902，AGFI=0.872、RMR=0.055，RMSEA=0.042，绝对拟合度指标通过检验。在增值拟合度指标中，NFI=0.914，RFI=0.898，IFI=0.979，TLI=0.975，CFI=0.979，增值拟合度指标通过检验。在简约拟合度指标中，PGFI=0.686、PNFI=0.776达到标准，AIC、CAIC达到标准，模型拟合度良好。

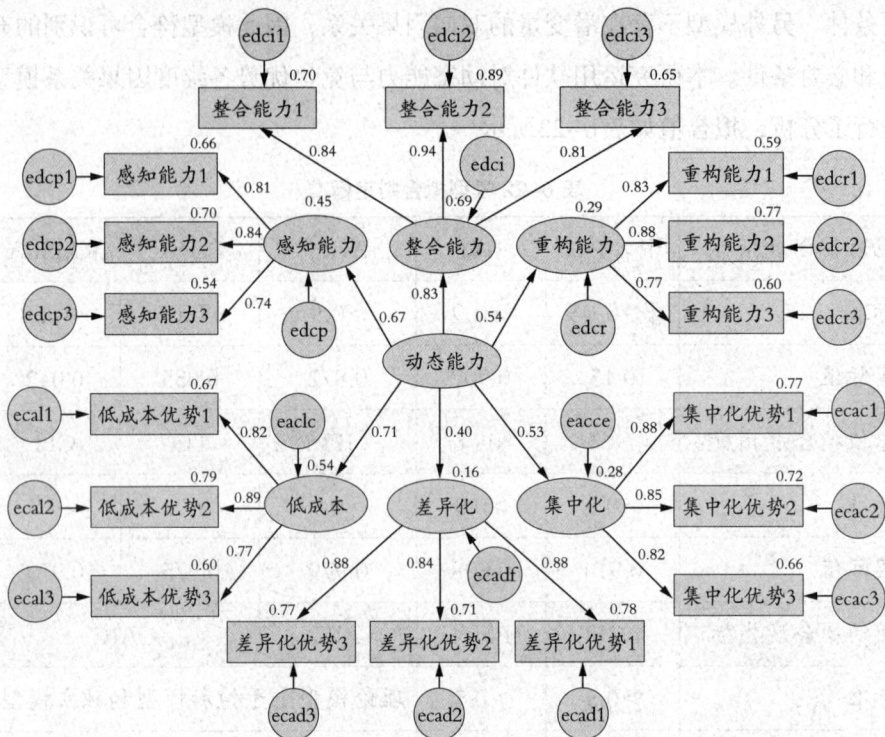

图 6-19 模型的标准化路径系数

（3）模型解释。由图6-19和表6-23可以发现，动态能力对企业竞争优势的三个维度都产生影响，低成本优势、差异化优势、集中化优势的影响路径系数分别为0.71、0.398、0.528，达到0.01的显著水平，说明动态能力对企业竞争优势三个维度的正向影响非常显著，因此支持研究假设H3a、H3b、H3c。

表 6-23 模型路径系数

	非标准化路径系数	标准化路径系数	S.E.	C.R.	P
动态能力 → 低成本优势	1	0.71			
动态能力 → 差异化优势	0.6	0.398	0.146	4.109	***

（续表）

	非标准化路径系数	标准化路径系数	S.E.	C.R.	P
动态能力 → 集中化优势	0.85	0.528	0.155	5.481	***

四、动态能力的中介作用

凡是X影响Y，并且X是通过中间变量M对Y产生的影响，那么M就是中介变量。中介变量分为完全中介和部分中介。如果X对Y的影响完全通过M，没有M的作用，X就不会影响Y，那么M为完全中介变量；如果X对Y的影响部分是直接的，部分是通过M的，那么M为部分中介变量。

本研究对于动态能力中介作用的检验需要满足以下条件：第一，战略人力资源管理显著影响企业竞争优势；第二，战略人力资源管理显著影响动态能力；第三，构建战略人力资源管理、动态能力与企业竞争优势的回归模型，检验战略人力资源管理对企业竞争优势的影响系数的变化情况。如果动态能力与企业竞争优势路径系数显著不等于零，并且战略人力资源管理对企业竞争优势的影响系数变小，则说明动态能力是部分中介变量。前两个步骤已经在前文完成，本部分只做第三步的验证。

（1）模型设定与识别。根据概念模型设定结构方程模型，以战略人力资源管理为自变量，以动态能力为中介变量，以企业竞争优势为因变量，模型设定如图6-20所示。战略人力资源管理的测量项目是九个，动态能力的测量项目是9个，企业竞争优势的测量项目是九个。在战略人力资源管理、动态能力与竞争优势因果关系模型中，总的自由度为300，模型共计57个估计参数，小于自由度，满足模型被识别的必要条件。另外，模型不存在潜变量的双向因果关系，因此模型符合可识别的充分和必要条件。本研究运用软件对战略人力资源管理、动态能力与竞争优势因果关系模型进行了分析，分析结果如图6-20所示，拟合值如表6-24所示。

表 6-24 模型拟合判定标准

绝对拟合度指标	卡方P值	GFI	AGFI	RMR	RMSEA
标准	p>0.05	>0.9	>0.9	<0.05	<0.08
实际值	0.13	0.873	0.847	0.050	0.036
增值拟合度指标	NFI	RFI	IFI	TLI	CFI
标准	>0.9	>0.9	>0.9	>0.9	>0.9
实际值	0.895	0.881	0.980	0.977	0.979
简约拟合度指标	PGFI	PNFI	AIC	CAIC	
标准	>0.5	>0.5	理论模型小于饱和模型和独立模型		
实际值	0.707	0.788	接受	接受	

（2）模型拟合。本研究使用极大似然法对战略人力资源管理、动态能力与竞争优势因果关系模型进行估计。模型的关键拟合指标可以分为三类：绝对拟合度指标、增值拟合度指标和简约拟合度指标，其中在绝对拟合度指标中，卡方值为294.920（p=0.13），GFI=0.873，AGFI=0.847，RMR=0.050，RMSEA=0.036，绝对拟合度指标基本通过检验。在增值拟合度指标中，NFI=0.895，RFI=0.881，IFI=0.980，TLI=0.977，CFI=0.979，增值拟合度指标基本通过检验。在简约拟合度指标中，PGFI=0.707、PNFI=0.788达到标准，AIC、ACIC达到标准，模型拟合度良好。

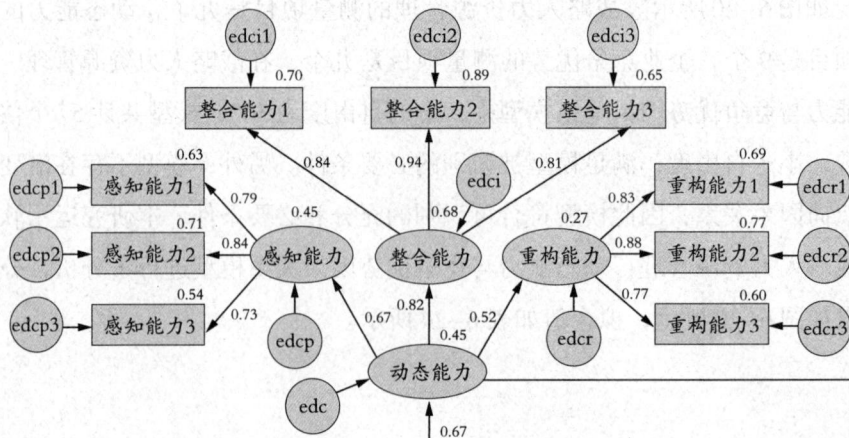

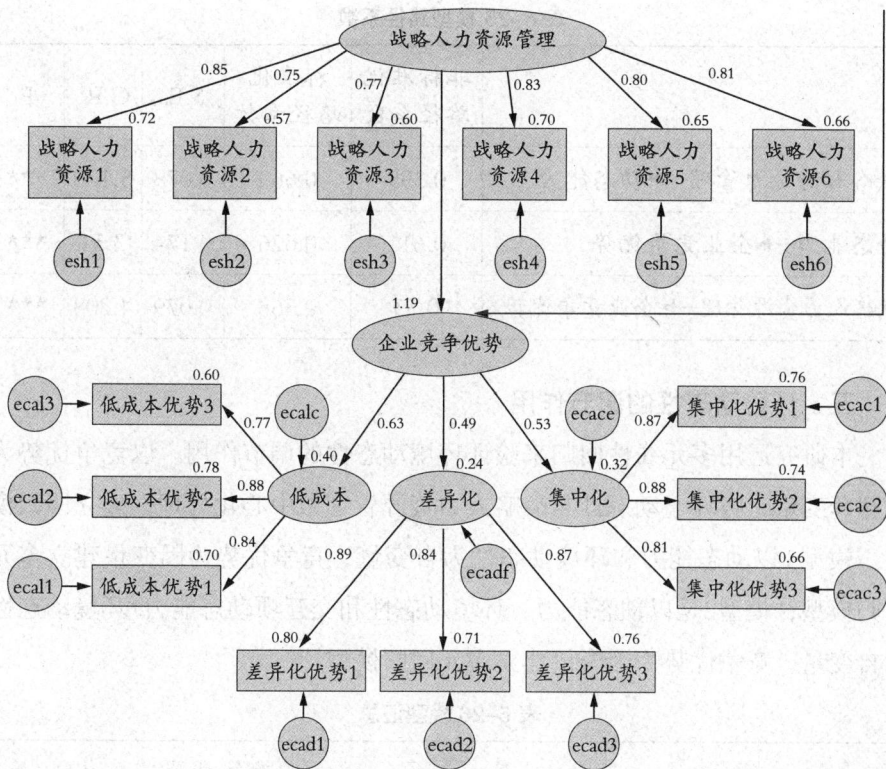

图 6-20 模型的标准化路径系数

（3）模型解释。战略人力资源管理对动态能力的影响路径系数为0.669（P<0.001），动态能力对企业竞争优势的影响路径系数为0.626（P<0.001），战略人力资源管理对企业竞争优势的影响路径系数为0.568（P<0.001），都达到了0.01的显著水平。战略人力资源管理对企业竞争优势的影响路径系数0.568小于在无中介变量的影响路径系数0.993，满足中介变量检验的第三个条件，前面的研究已经满足了中介变量作用的第一和第二个条件，从而说明动态能力在战略人力资源管理对企业竞争优势的影响关系中起到部分中介作用，支持研究假设H4。

表 6-25 模型路径系数

	非标准化路径系数	标准化路径系数	S.E.	C.R.	P
战略人力资源管理→动态能力	0.399	0.669	0.078	5.106	***
动态能力→企业竞争优势	0.611	0.626	0.174	3.51	***
战略人力资源管理→企业竞争优势	0.33	0.568	0.079	4.208	***

五、环境动态性的调节作用

本研究运用多元线性回归来验证环境动态性的调节作用。以竞争优势为被解释变量，将环境动态性与战略人力资源管理做中心化处理，建立回归模型。模型1以动态能力和环境动态性为自变量，竞争优势为因变量建立多元回归模型；模型2是以动态能力、环境动态性和交互项动态能力*环境动态性为自变量，竞争优势为因变量建立多元回归模型。

表 6-26 模型汇总

模型	R	R2	调整R2	标准估计的误差	更改统计量				
					R2更改	F更改	df1	df2	Sig.F更改
1	0.652[a]	0.425	0.418	0.48920	0.425	60.260	2	163	0.000
2	0.668[b]	0.446	0.436	0.48152	0.021	6.242	1	162	0.013

a.预测变量：（常量），环境动态性，动态能力

b.预测变量：（常量），环境动态性，动态能力，动态能力_Z x环境动态性_Z

表 6-27 方差分析

模型		平方和	df	均方	F	Sig.
1	回归	28.842	2	14.421	60.260	0.000[b]
	残差	39.009	163	0.239		
	总计	67.851	165			

（续表）

2	回归	30.290	3	10.097	43.546	0.000c
	残差	37.561	162	0.232		
	总计	67.851	165			

a.因变量：竞争优势

b.预测变量：（常量），环境动态性，动态能力

c.预测变量：（常量），环境动态性，动态能力，动态能力_Z×环境动态性_Z

表 6-28 模型的系数

模型B		非标准化系数		标准系数	t	Sig.
		标准误差	试用版			
1	（常量）	0.718	0.264		2.723	0.007
	动态能力	0.512	0.057	0.534	8.948	0.000
	环境动态性	0.241	0.044	0.330	5.529	0.000
2	（常量）	0.716	0.260		2.758	0.006
	动态能力	0.499	0.057	0.519	8.805	0.000
	环境动态性	0.253	0.043	0.346	5.859	0.000
	动态能力_Z×环境动态性_Z	0.141	0.056	0.148	2.498	0.013

a.因变量：竞争优势

注：数据均已中心化处理

模型1中自变量动态能力对竞争优势有显著的正向影响（$\beta=0.534$，$t=8.948$，$P=0.000$）；模型2中自变量与调节变量的交互项的回归系数为0.148（$t=2.498$，$P=0.013$），说明交互项对竞争优势有显著的影响作用，

且模型1的R2是0.425，模型2的R2是0.446，显著性提高，说明模型解释能力增强。由此可以说明，调节变量环境动态性在动态能力与企业竞争优势之间起到显著的调节作用，因此研究假设H5成立。

六、员工主动行为的调节作用

本研究运用多元线性回归来验证员工主动行为的调节作用。以竞争优势为被解释变量，将员工主动行为与战略人力资源管理做中心化处理，建立回归模型。模型1以战略人力资源管理和员工主动行为为自变量，竞争优势为因变量建立多元回归模型；模型2以战略人力资源管理、员工主动行为和交互项战略人力资源管理*员工主动行为为自变量，竞争优势为因变量建立多元回归模型。

表 6-29 模型汇总

模型	R	R2	调整R2	标准估计的误差	更改统计量				
					R2更改	F更改	df1	df2	Sig.F更改
1	0.740[a]	0.547	0.542	0.43401	0.547	98.601	2	163	0.000
2	0.756[b]	0.571	0.563	0.42373	0.024	9.010	1	162	0.003

a.预测变量：（常量），主动行为，战略人力资源管理

b.预测变量：（常量），主动行为，战略人力资源管理，战略人力资源管理×主动行为_Z

表 6-30 方差分析

模型		平方和	df	均方	F	Sig.
1	回归	37.147	2	18.573	98.601	0.000[b]
	残差	30.704	163	0.188		
	总计	67.851	165			

（续表）

2	回归	38.765	3	12.922	71.968	0.000[c]
	残差	29.086	162	0.180		
	总计	67.851	165			
a.因变量：竞争优势						
b.预测变量：（常量），主动行为，战略人力资源管理						
c.预测变量：（常量），主动行为，战略人力资源管理，战略人力资源管理×主动行为_Z						

表 6-31 模型的系数

模型B		非标准化系数		标准系数	t	Sig.
		标准误差	试用版			
1	（常量）	1.305	0.183		7.121	0.000
	战略人力资源管理	0.447	0.038	0.645	11.720	0.000
	主动行为	0.167	0.041	0.222	4.039	0.000
2	（常量）	2.222	0.354		6.277	0.000
	战略人力资源管理	0.487	0.040	0.703	12.313	0.000
	主动行为	−0.111	0.101	−0.148	−1.100	0.273
	战略人力资源管理×主动行为_Z	0.089	0.030	0.390	3.002	0.003
a.因变量：竞争优势						

注：数据均已中心化处理

模型 1 中，自变量战略人力资源管理对竞争优势有显著的正向影响（$\beta = 0.645$，t=11.72，P=0.000）；模型 2 中，自变量与调节变量的交互项的回归系数为 0.390（t=3.002，P=0.003），说明交互项对竞争优势有显著的影响作用。模型 1 的 R2 是 0.547，模型 2 的 R2 是 0.571，增加了调节项之后模型解释力度提高了 2.4%，说明模型解释能力增强。由此可以说明，调节变量员工主动行为在战略人力资源管理与竞争优势之间起到显著的调节作用，因此研究假设 H6 成立。

第七章

面向企业竞争优势的
战略人力资源管理提升策略

第一节 确立战略人力资源管理的核心目标

一、塑造企业竞争优势

从理论逻辑出发，战略人力资源管理影响并决定企业动态能力，企业动态能力进一步影响并决定企业的竞争优势。因此，实施战略人力资源管理的根本目的与核心目标是培育和塑造企业竞争优势，企业竞争优势的源泉最终来自战略人力资源的管理。

战略人力资源管理是一种企业能力，它存在于企业人力资源管理系统中。人力资源是企业首要的能动性的生产要素，是企业的一种特殊的核心资源，它在整个企业的运营发展中起到了不可或缺的作用。资本、技术和其他生产资料与人力资源一样，都是企业的生产要素，但是它们的作用与功能却相差很大。具体而言，人力资源不仅是一种生产要素，而且是一种能动性要素，资本、技术和其他生产资料只有在人力资源的推动下才能发挥作用，离开了人力资源的驱动，其他生产要素就是僵死的存在，因此人力资源在企业全部生产要素和生产运营中发挥主导作用。企业创新能力的强弱取决于企业技术人员的素质与能力，企业生产制造和服务能力的强弱取决于企业生产与服务人员的素质与能力，企业组织管理能力的强弱取决于企业经营管理人员的素质与能力，企业竞争优势的强弱则取决于企业全部人力资源的整体素质与能力。从这个意义上说，企业是否能够获得竞争优势关键在于人力资源管理，反过来说，人力资源管理的核心目标是使企业获得竞争优势。

战略人力资源管理的实施就是为了培育、塑造和不断增强企业竞争优势。成功的战略人力资源管理能加快企业人力资本的积累和增值，增强全体员工和管理者为实现企业战略目标的工作动力和能力，激发企业人力资源的创新精神。此外，战略人力资源管理的过程是伴随着企业战略的推进而展开的，在此管理过程中动态地满足企业战略任务、战略目标对企业人力资源素质与能力的需求，这个动态的满足过程也就是企业竞争优势培育与形成的过程。为了塑造和增强企业竞争优势，必须实施战略人力资源管理，为了开发和提高企业人力资源的知识水平、综合素质和工作技能，必须构建健全的人力资源管理体系，围绕着企业战略目标的实现进行有效的战略人力资源管理实践。有效的战略人力资源管理能够为塑造和形成企业竞争优势奠定坚实的基础。因此，实施战略人力资源管理意味着培育企业竞争优势，企业管理者需要重视战略人力资源管理对企业竞争优势的影响与决定作用，将培育、塑造和增强企业竞争优势视为战略人力资源管理的核心目标。

二、构建企业的动态能力

如果说培育和塑造企业竞争优势是战略人力资源管理的最终核心目标，那么构建企业发展的动态能力则是战略人力资源管理的直接核心目标。

企业动态能力的形成基于企业环境的动态变化，动态环境要求企业具有快速反应和变革的能力。20世纪90年代以来，随着全球经济一体化的不断发展，生产要素的跨国流动日益加快，市场进入壁垒大大降低，企业的发展理念与经营方式随环境变化而不断发生变革，并在动态竞争中不断寻求和构建支撑企业持续发展的动态能力。如前文所述，动态能力是企业通过整合和重构内部与外部资源以适应环境变化，不断形成的推动企业持续发展的能力。动态能力包括感知能力、整合能力和重构能力，通过这些能力来提升企业的创新能力，使企业不断获取新知识和新技能，有效提升经营效率，让企业在不确定的环境中获得动态的发展能力。在企业动态能力的构成中，感知能力取决于企业人力资源的觉察判断能力，整合能力取决于企业人力资源的组织管理能力，重构能力取决于企业人力资源的变革创新能力，而企业人力资源的觉察判断能力、组织管理能力、变革创新能力等则来源于战略人力资源管理的有效性。

从战略人力资源管理、企业动态能力、企业竞争优势三者之间的逻辑关系来说，战略人力资源管理的首要目标是培育和构建企业动态能力，进而通过构建企业动态能力去塑造企业竞争优势。当今的市场环境是动态变化、竞争激烈的，技术的高速发展和资源的全球化流动，使企业组织处于一个前所未有的时代。在激烈变动的环境下，战略人力资源管理对企业动态能力的形成产生了更加显著的影响，战略人力资源管理的效应决定了企业的学习能力与创新能力以及企业外部资源利用能力、信息处理能力、预见和决策能力、把握顾客潜在需求的能力、快速应变能力、资源整合与重构能力等。从一定意义上说，战略人力资源管理体现了企业拥有的技能、专门知识和能力的总和，它决定了企业能否在动态环境下形成和构建起支撑企业持续发展的动态能力。

战略人力资源管理的实践是企业动态能力形成的基础，战略人力资源管理的创新是企业动态能力的直接来源。战略人力资源管理能否转化为企业的动态能力，最终取决于战略人力资源管理职能的实际操作与运用，只有依靠战略人力资源管理的实践，才能将战略人力资源顺利转化为企业的动态能力，并使企业动态能力更好地发挥其应有的功能。企业动态能力是持续演进的，战略人力资源管理需要不断创新，不断创新的战略人力资源管理实践是持续构建企业动态发展能力的关键，战略人力资源管理的创新效果决定了企业动态能力持续构建的成效。

第二节　注重战略人力资源规划的内涵创新

一、战略人力资源规划的连接功能

战略人力资源规划是战略人力资源管理的核心职能，它连接着战略人力资源管理与企业发展战略之间的关系。战略人力资源的总体规划是指根据组织的总体战略目标，在规划期内制定人力资源开发与管理的原则、方针、目标与措施等。战略人力资源的具体规划是指人力资源开发与管理的各项具体业务规划，是总体规划的具体展开，每一项具体规划都是由目标、任务、措施、步骤和预算等构成，从不同方面保证人力资源总体规划目标的实现。人力资源具体规划包括员工招聘规划、员工聘用和调整规划、员工交替发展规划、员工教育培训规划、绩效评价激励规划、劳动关系规划、员工薪酬规划、员工职业生涯发展规划等。

战略人力资源规划是企业战略人力资源管理各项职能活动得以展开的基础，并关系到企业发展的战略目标。首先，人力资源规划能够预测未来企业发展战略对人力资源的总体需求，并根据企业外部的政治、经济、法律、技术、文化等一系列宏观因素的不断变化，及时调整企业内部人力资源的供需状况。人力资源规划就是要对环境动态变化进行科学的预测和分析，以确保企业在近期、中期和长期对人力资源的需求得到满足。人力资源规划旨在阐明企业应当通过什么途径、方式和手段，在什么时候引进、挖掘和使用好人力资源，即怎样从外部获得或从内部培养并保留和使用好企业发展所需要的人力资源。人力资源规划要求企业根据总体战略对未来中长期企业发展所需要的人才数量、类型、结构和品质进行整体谋划，选择开发方式、明确实施步骤、确立组织体系和评价制度等。由此来看，人力资源规划既体现了企业发展的战略目标，又体现了企业发展的战略过程。企业管理信息系统所提供的供求有效数据、人力资源部门提供的工作与绩效分析信息、企业内部组织结构的合理性、企业财务的运行状况、企业决策对制定战略目标的明确程度、企业生产经营计划的完备性等，决定了企业战略人力资源规划的总体安排。战略人力资源规划的主旨是实现企业人力资源的最佳配置和与企业发展战略的动态平衡，人力资源规划体现了企业发展战略，战略人力资源管理的任务是顺利实现企业发展的战略目标。

其次，战略人力资源规划是企业实施人力资源战略的基础与依据，企业需要制定必要的人力资源规划来指导企业人力资源管理的实践活动，使人力资源管理在环境动态变化中保持与企业战略目标的一致性。为满足企业组织对人力资源在数量和质量上的需求，需要实施相应的人力资源管理策略，最大限度地对人力资源进行开发，以确保组织战略目标的实现。事实上，由于企业所处的环境在不断变化，动态平衡往往通过某些局部的不平衡来实现，因此，战略人力资源规划的意义在于，一方面要将可能出现的人力资源风险控制在尽可能小的范围内，另一方面要保证为企业可持续发展提供有效的人力资源供给。同时，人力资源规划要使企业组织和员工个体都得到长期的利益实现价值，企业组织在进行人力资源规划时要创造良好的条件，充分发挥组织中每个员工的主动性和创造性，使每个员工自觉提高自己的工作效率，使企业组织的战略目标得以实现。与此同时，人力资源规划也要切实关注组织中每个员工的物质、精神、工作环境和职业发展等方面的需求，帮助他们在实现组织目标的同时实现个人目标。总之，战略人力资源规划的目的是科学预测人力资源的供求，制定相应的政策和措施，科学合理地配置人力资源，有效激励并最大限度地开发利用人力资源，以保证企业战略目标的顺利实现。

二、战略人力资源规划的内涵创新

战略人力资源规划是战略人力资源管理各项实践活动的基础。广义的战略人力资源规划，是指根据企业发展战略与组织内外环境的变化，预测未来企业发展和环境变化对人力资源的需求，以及为满足这些需求而有效提供人力资源的过程。狭义的战略人力资源规划，是指对短期内可能出现的人力资源供求状况做出预测，并据此对人力资源供求进行配置。战略人力资源规划要求规划主体在企业愿景、企业战略目标的指引下，根据企业战略实施和推进的过程与步骤，动态把握人力资源的需求与供给，对人力资源进行战略性的统筹和规划，实现企业战略需求与人力资源供给的动态平衡，促进和推动企业战略目标的实现。

常规的战略人力资源规划一般包括以下几个方面：一是人力资源引进规划，即根据企业内外环境变化和发展战略，以及企业中长期的人员需求，从企业外部引进人力资源的规划；二是人力资源配置规划，即根据企业内外环境变化和发展战略，通过内部人员的合理流动，实现人力资源优化配置的规划；三是职业生涯规划，即根据企业发展战略与规划引导员工职业发展方向，根据员工个人能力、个性和工作偏好制定个人职业发展计划，以实现员工个人的人生价值；四是培训开发规划，即根据企业发展战略与员工职业发展需要，通过对员工进行素质与职业发展培训，提升员工的工作能力、端正员工工作态度，使员工能够不断适应未来工作岗位的要求；五是薪酬激励规划，即根据企业内外环境变化和发展战略，为激发员工的工作动力，提高员工的工作绩效，对薪酬激励方式与结构做出的规划；六是企业文化规划，即从引导与激励员工工作、创造良好的工作氛围、统一员工行为、协调人际关系等出发，对企业文化建设做出的规划。

面向市场竞争战略与企业未来的发展战略，在做好常规的战略人力资源规划的基础上，应该根据动态环境变化及其影响因素的分析，科学预测未来企业发展对人力资源的需求，并根据企业战略的过程控制动态调整人力资源配置，注重战略人力资源规划的内涵创新。

其一，深入分析和评估战略人力资源规划的各种影响因素。根据企业发展战略分析和评估企业人力资源需求预测与供给预测的影响因素，这些影响因素主要包括企业规模、企业组织结构、企业生产效率、企业供应链构造、企业管理水平、企业变革与创新、员工稳定性、现有人力资源的数量、质量与结构状况；企业外部的人力资源市场情况、区域环境包括经济环境、人口环境、科技环境、政治法律环境和社会文化环境等。

其二，调查和分析战略人力资源规划信息。根据企业总体发展战略目标和内外部环境的变化趋势，调查战略人力资源规划的相关基本信息，如企业组织结构的设置状况、部门与岗位设置及其必要性、企业现有员工的工作效率与工作强度、企业未来的发展目标及工作任务、生产经营业务的变化情况等。同时需要调查分析企业内部的人力资源状况，主要包括：企业现有员工的基本状况、员工具有的知识与经验、员工的工作技能与开发潜力、员工的个性与偏好、员工的个人目标与发展需求、员工的工作绩效、企业人力资源流动情况与现行人力资源措施的有效性等。对企业现有人力资源状况进行调查与分析的具体内容，主要有人员结构分析与素质调查。人员结构分析包括员工年龄结构、学历结构、职务结构、技能结构、业务结构等；人员素质调查包括员工价值观、工作态度、工作能力、工作岗位的胜任力等。

其三，科学预测企业未来人力资源的需求和供给。人力资源供求预测的目的是为了认识人力资源发展的规律和人力资源规划与企业发展战略之间的联系，为企业人力资源决策提供选择方案和决策依据，为企业人力资源规划、人力资源开发和管理服务。没有科学的人力资源供求预测，就无法进行正确的企业人力资源规划，根据科学的人力资源供求预测所制定的企业人力资源规划，能够有效指导企业的战略人力资源开发与管理。人力资源需求预测是指根据企业的发展目标和企业的内外条件，选择适当的预测方法，对人力资源的需求数量、质量和结构进行预测。预测要在分析内部条件和外部环境的基础上做出，必须符合现实情况；预测是为企业的发展战略服务，预测的目的要明确。对企业未来的人力资源需求进行预测，主要考虑企业的发展战略目标、战略重点、战略阶段与战略步骤，即企业战略目标的实现在总体上的人力资源需求，战略重点所需要的人力资源结构及其配置，每一个战略阶段与战略步骤所需要的人力资源数量与结构等。人力资源需求预测是否科学、合理，关系到企业人力资源规划能否成功，在制定规划时要充分考虑组织内外环境的各种影响因素，根据现有人力资源的状况及企业的发展目标，确定未来所需要的人力资源数量、质量和结构。

人力资源需求预测的方法主要有定性预测方法和定量预测方法。定性预测方法是一种主观判断的方法，包括德尔菲法、微观集成法、描述法、工作研究法、现状规划法等。定量预测方法是利用数学手段进行预测的方法，主要包括劳动定额法、回归分析法、计算机模拟预测法、比率分析法等。企业人力资源供给预测包括两个方面：一是内部人力资源供给预测，在分析企业内部现有人员的状态如离职率、调动率和升迁率等情况的基础上，对内部人力资源的年龄、性别、素质、资历、经历和技能等进行动态预测。在预测时需要收集和掌握内部人力资源的发展潜力、可晋升性、职业发展目标等方面的信息；二是外部人力资源供给预测，预测需要考虑的主要因素包括：教育发展水平与发展趋势、人力资源市场与经理人市场的竞争格局、区域人力资源的择业心理与偏好、区域人力资源的工作价值观、区域人力资源的流动性、同行业劳动力的需求竞争、同行业劳动力的价格水平、本企业人力资源供给的培育模式与供给渠道等。

其四，提升战略人力资源规划的内容体系。

（1）岗位分析计划。岗位分析计划是其他人力资源业务规划的基础，主要解决企业组织机构、岗位职务标准及其定员定编问题。岗位分析规划涉及企业的发展规划、中长期目标及内部运作状况，包括企业的组织结构、岗位职责、岗位结构、人员补充配置计划、岗位规范。为了在中长期内从质量和数量上补充和配置岗位职务空缺，必须结合人力资源盘点报告制定人员补充配置计划。人员补充配置计划要陈述企业未来各个岗位的人员数量、职务变动和人员空缺等情况，主要包括人员补充计划、人员晋升计划和人员调动计划。

（2）人员招聘计划。根据人员补充配置计划和人力资源需求预测结果编制人员招聘计划。在陈述招聘岗位、招聘数量和到岗时间的基础上，人员招聘规划会形成一个分列表，该分列表注明了招聘成本、工作类别、员工数量和技能要求。

（3）绩效考核计划。根据企业岗位要求、发展目标和员工素质状况制定绩效考核推进计划。企业应当关注绩效目标、绩效辅导、绩效评价、绩效申诉、绩效反馈等绩效管理的主要环节，使绩效考核计划具有科学性、合理性和可行性。

（4）能力开发计划。依据企业发展需要和绩效管理要求，通过知识传播、培训、学习等各种方式，增进员工知识、提升员工能力、调整员工态度和观念，为此需要制定一系列人力资源开发计划。

（5）员工职业生涯计划。员工职业生涯计划是结合岗位分析计划和员工补充配置计划等，在征询员工个人意愿和综合分析员工个体胜任力的基础上，所制定的员工在本企业的未来成长发展计划。企业可以按职务序列为员工提供职业发展路径，为员工设计包括持续成长、自我认知和广义晋升在内的职业发展方案，与员工个人共同制定其职业发展计划。职业发展计划可以帮助员工了解自我、发展自我和实现自我，同时也便于企业掌握员工职业目标和发展过程。

（6）薪资福利计划。确定薪资福利结构策略选择，制定薪资福利管理政策，设计其他激励方案。薪资福利计划的主要目的在于调控离职率、保留核心员工、改善绩效、激励员工。

（7）员工满意度调查计划。在一定时期内，企业对人力资源的获取、开发、保留、协调与激励计划的实际执行结果要进行监控与改进，员工满意度调查是人力资源计划执行效果的一种监控或反馈方式。企业在制定各项人力资源计划的同时，对员工满意度调查也应该做出相应的计划安排。

其五，有效实施与执行战略人力资源规划。战略人力资源规划的实施与执行，其前提是规范企业的人力资源管理体系，按照战略人力资源规划不断完善现有的人力资源管理体系。有效实施与执行战略人力资源规划，需要根据企业的发展战略对人力资源规划中的目标和计划进行分解和落实，针对人力资源规划和各项人力资源业务计划的执行制定衡量标准，用以判断各项计划实施与执行的偏差与成败，同时应针对各项人力资源计划在执行过程中可能出现的偏差，制定动态的控制措施。此外，有效实施与执行战略人力资源规划，需要编制详尽的人力资源管理费用预算方案，常规预算一般包括招聘预算、培训预算、绩效管理预算、员工职业管理预算、薪资福利预算、劳动关系管理预算等；特别预算一般包括组织变革与岗位调整预算、人力资源变革预算、劳动关系调整预算等。

其六，监控和评估战略人力资源规划。在战略人力资源规划的实施执行过程中，需要不断监控规划的具体落实情况，不断收集人力资源管理方面的信息，监控人力资源规划是否与企业的发展战略目标相匹配、是否与人力资源管理体系模块的设计相匹配。同时，在战略人力资源规划实施和执行的一个时期内，需要对人力资源规划的实施情况进行必要的分析和评估，系统分析有效实施人力资源规划的影响因素，评估人力资源规划的执行效果以及在执行过程中存在的主要问题，并根据企业内外部环境的变化及时调整战略人力资源规划的有关内容。

总之，战略人力资源规划的目的是保证企业的人力资源战略符合企业总体发展战略的需要，战略人力资源规划需要按照科学的程序来制定和实施，使规划的内容变成实际的行动，从而不断提升企业的人力资源管理水平，实现企业的发展战略目标。

第三节　促进战略人力资源管理的实践创新

从谨慎甄选、广泛培训、内部晋升、雇佣保证、薪酬激励、员工参与等六个方面出发，促进战略人力资源管理的实践创新。

一、谨慎甄选——实施战略性人才招聘

人才使企业保持蓬勃发展的活力，人才对企业发展至关重要，现代企业需要兼有专业技术和管理技术的复合型人才，而不仅仅是单纯的技术骨干或

企业管理者。作为企业的人才必然是具有多方面能力的复合型人才。对于企业人才的招聘主体来说，在短暂的招聘甄选过程中很难做到对人才进行全面深入的考察，同时人才一般具有很强的主导性，具有丰富的经验并且形成了成熟的工作风格，所以企业在进行人才的甄选时很容易被引导，从而难以掌握主动权。事实上，企业对人才的甄选也是一个相互碰撞、彼此融合的过程，在此过程中企业的招聘甄选者应该重点考察人才的匹配度，主要包括人才与企业的匹配度、与岗位的匹配度、与团队的匹配度等。

1.人才的选择原则创新

（1）人才与企业的匹配。这一原则要求考察人才是否是企业发展所需要的、人才是否能够认同企业的文化、企业能否为人才能力的发挥提供必要的条件等，其中人才是否认同企业文化是非常重要的。企业管理者在甄选人才时要了解人才所形成的价值观是否与自身的企业文化相适应，一旦这方面不能达成一致，无论怎样的人才对企业来说都是没有意义的。另外，企业不能忽视自身方面的问题，需要考虑企业提供的平台是否能够满足人才职业发展的需要，如果人才职业发展所要求的条件与环境企业无法满足，那么人才也是难以与企业进行匹配的。

（2）人才与岗位的匹配。这一原则要求考察人才所具备的素质、技能和工作经验是否能够满足工作岗位的要求，以及满足工作岗位要求的程度，即人才与岗位的匹配程度。判断一个人才与岗位匹配度的一种有效工具是"职业锚"。对于企业来说，"职业锚"指的是人才在进行职业选择时所围绕的重心，在面对必要的职业选择时，一个人不会丢弃职业中的关键点或价值观。从"职业锚"的角度可以考察和判断人才的职业选择倾向问题，同时企业管理者还应该考虑人才的人格特质与工作岗位的匹配度，注意分析各个岗位适合什么性格的人才，在甄选人才的过程中考察人才性格与工作岗位是否匹配。企业管理者对人才的职业倾向和性格的分析与判断，可以通过心理测试来进行，在充分了解和掌握人才的素质、技能、个性和价值观之后，将其配置到相应的工作岗位上，由此实现企业发展和个人发展的双赢。

（3）人才与团队的匹配。这一原则要求考察人才的能力与性格特征是否能够与团队实现合作、协同与共创。在企业的团队管理中，要求团队成员之间彼此合作、相互支持，发挥团队整体的协同效应，因此人才与团队的匹配度十分重要。

如果人才与岗位的匹配度是人才能够进入企业的必要条件，那么人才与团队的匹配度就决定了人才是否能够充分地发挥其能力、是否能够实现其个人的价值。因此，企业管理者在甄选人才时不仅要考虑其与岗位的匹配度，还要考察人才与企业团队的契合度。在每一种企业文化中，都很重视人才与团队的合作，一个人无论有什么样的技能，都要通过与他人的合作来发挥自己的能力，只有与团队实现融合才能体现个人的价值，并且能够促进团队力量的提升。

2.人才的招聘策略创新

人才招聘策略是招聘规划的具体体现，是为实现招聘规划而采取的具体策略。招聘策略包括招聘地点策略、招聘时间策略、招聘渠道与方法策略、招聘宣传策略等，并围绕着这些策略进行实践创新。

（1）招聘地点策略。企业应将其招聘的地理位置限制在最能产生效果的劳动力与人才市场上。同时，选择在哪个地方进行招聘，还需要充分考虑人才分布规律、求职者活动的范围、企业的位置、劳动力市场的状况及招聘成本等因素。招聘地点选择的一般原则是：首先，对于企业高级管理人才、技术研发人才的招聘，招聘地点的选择可以是十分广义的，应该面向全国乃至世界范围进行招聘，招聘地点可以在国内也可以在国外，同时也可以通过网络平台进行。其次，在跨地区的人才市场上招聘中级管理人员和专业技术人才。目前，我国已经建立了不少跨地区的人才交流市场，举办人才交流活动，为招聘单位和应聘人才在更大范围内进行双向选择创造了有利的客观条件。再次，在招聘单位所在地区招聘一般工作人员和技术工人。企业之所以在这样的地理范围内进行招聘地点选择，是因为在不同的地理范围内提供的人才与劳动力供给状况不同，不同层次的市场提供的人才职业选择倾向不同。

（2）招聘时间策略。招聘过程中的一个重要的问题是在保证招聘质量的前提下，确定一个科学合理的时间花费。在现实经济生活中，组织为寻找高质量的应聘者而可能花费的时间常常被许多企业所低估。在双重压力，即招聘日期截止的压力和企业亟待补充新员工以维持组织正常运行的压力作用下，常常会促使人力资源管理部门不得不降低自己的招聘标准，致使其雇佣到的未必是理想的人选。此外，时间的紧迫性也会使招聘程序的科学性打折扣，一些必要的审查和考核程序往往被省略从而降低招聘标准、缩短招聘过程。鉴于此，人力资源管理部门应该按照不同岗位的工作规范和职位说明书的要求，对组织内整个劳动力的分布和结构状况进行经常性的盘点，应与组织内的各部门进行密切合作，全面了解和掌握以前的招聘、提升、调动和离职的情况，在此基础上，对组织内未来的人力资源需求进行科学的预测，在出现工作岗位空缺或需求之前，提前确定每个招聘步骤可能需要的时间，进而准确地确定填补空缺职位所需花费的全部时间。

（3）招聘渠道与方法策略。在招聘方案中，招聘渠道和方法的选择是重要的组成部分。采用哪种方式招聘人员，应根据供求双方不同情况而定。可供企业选择的招聘渠道主要有：内部晋升、员工引进、招聘广告、就业服务机构、校园招聘、猎头公司、海外招聘和网上招聘等。企业可以根据招聘计划所要求的招聘人数和类型来选择不同的招聘渠道和方法。一般情况下，企业应从校园中招聘专业技术人员和管理人员，通过就业服务机构招聘办事人员和操作人员，通过招聘广告招聘各方面的工作人员等。为了节省时间和成本，可以通过内部招聘和员工引荐的方式招聘员工等。每一种招聘方式都有利有弊，在进行招聘之前，要权衡利弊，合理选择招聘方式。如果企业进行大规模的招聘，采取一种招聘渠道与方式是不够的，需要采用不同的招聘渠道组合，才能保证企业在确定的时间内招聘到足够的、与工作岗位相匹配的员工。

（4）招聘宣传策略。招聘不仅受到企业形象和声誉的影响，而且招聘活动本身也直接影响着企业的形象与声誉。因此在招聘过程中，企业应充分利用招聘的机会进行有效的宣传活动，以扩大和提升企业在社会和市场上的知名度。在说明企业提供的职位时，应该向求职者传递准确、有效的企业信息。一般来说，职位的薪酬、工作性质、工作环境、晋升机会、企业文化、企业发展前景、企业的地理位置等是影响应聘者进行工作选择的重要因素。企业在传递招聘信息时，应该根据影响择业的多方面因素以及求职者的类型有针对性地提供信息，而不要把诸多信息平等看待。当然，这并不意味着招聘人员可以过高地宣传职位好的一面，而过低地反映职位的不足。这也就是说，招聘人员传递的信息应该是诚实的，否则不仅不能给企业带来好处，反而会给企业造成消极影响。

二、广泛培训——提升人力资本价值

1.培训理念变革

培训的出发点和归宿是"企业的生存与发展"，培训目标在于指出培训对象在接受培训以后，应达到的工作行为标准或应具有的工作能力。培训目标要力求具体，要能够观察、可以衡量，能够成为人们评估培训效果的依据。企业根据发展战略需要对培训的整体目标进行分解，再按照企业发展战略的阶段与步骤及其所要求的人力资源供给，将企业的培训目标分为长期培训目标、中期培训目标和短期培训目标。

2.培训需求分析

企业在规划设计培训工作之初，企业人力资源管理部门应根据企业整体目标，采用各种方法与技术对员工知识、技能等方面进行鉴别分析，以确定企业当前是否需要培训、需要何种内容的培训以及培训过程如何等。培训需求分析主要从以下三个方面入手。

一是组织分析。组织分析是指了解企业整体组织架构是否匹配企业未来的发展，企业内部各岗位、各部门的功能与企业的发展战略是否相辅相成，以及企业各部门对企业培训活动如何提供资源与支持等。

二是工作分析。工作分析是指了解企业整体战略目标，同时把企业整体战略的任务分解为近期、远期的工作要求，以及要完成近期、远期工作所需要的工作条件等。这就需要两个方面的分析：任务分析和标准分析。任务分析的目的是明确工作目标与性质；标准分析是指确定工作标准以及达成岗位要求的工作标准应该具备的素质要求。工作分析可以帮助企业详细标注工作中的所有任务与相关岗位职责，以及完成每项任务的具体步骤等。

三是个人分析。个人分析是指了解企业员工具备的工作技能和基本素质，员工是否具有发展潜质，员工工作是否与岗位职责相适应，员工的职业发展规划是否具有可行性等。对员工进行个人分析可以采取以下几种方式：企业员工的职业发展规划设计表；员工的自我评价表；员工知识与技能的测验成绩表；员工的上级评价以及员工的绩效考核结果等。

3.培训计划制定

明确培训目标之后，企业应该制订与之相适应的培训计划。按照培训期限划分，培训计划可以分为远期培训计划、中期培训计划和近期培训计划三种形式。

（1）远期培训计划。远期培训计划要匹配企业战略的远期发展目标，两者要互为统一，时间跨度一般在3至5年。远期培训计划的制定要明确企业整体的培训方向、培训任务与培训目的。制定远期培训计划既要考虑企业发展战略要求以及企业外部环境的变化，又要分析企业员工的个人发展目标；远期培训计划既要包括企业员工的培训策略，又要涵盖培训工作实施的步骤以及企业培训效果的反馈分析等。

（2）中期培训计划。中期培训计划是为企业的中期战略目标服务的，时间跨度一般在1至3年。中期培训计划连接着企业的短期发展目标与长期发展目标，它既为近期培训计划的落实效果提供了验证，也为远期培训计划的实施提供了明确的参照。

（3）近期培训计划。近期培训计划的目的是达成企业的近期发展目标，时间跨度在1年之内。在一个年度内开展的各种培训工作被列为近期培训计划之中。

上述三种培训计划互为补充又环环相扣，远期培训计划为中、近期培训计划指引了培训的方向和目标，而近期培训计划的具体落实又保证了中期和远期培训计划的顺利实现。

4.培训方案设计

为了保证企业的每一个近期培训计划都能够有效加以落实，企业需要制定和设计培训方案。每一个具体的培训方案都要明确培训所要达成的目标和任务，为此需要具体设计培训时间、培训期限、培训地点、培训对象、培训内容、培训方式、培训师资、培训流程安排等，同时要根据培训的内容明确培训组织部门的相关工作分解、培训资源的使用和落实情况，以及对培训过程中出现的问题如何处理等。在培训方案中，培训内容的设计要考虑把企业当前的要求与未来的发展需求有机衔接起来，使员工的工作目标与企业的发展目标融为一体。因此，每一个具体的培训方案既是立足于企业当前需求的，又是面向企业长远发展的。

5.培训效果评价

为保证培训计划与培训方案的有效执行，需要对培训工作的实际效果进行评价，通过评价可以发现培训工作存在的问题，以便对培训工作进行改进和完善，同时也能够对培训工作提供必要的激励。对培训工作的效果进行评价主要包括以下几个方面：一是员工的培训反应。培训的目的是使受训者做出积极反应，培训结束时，可以考察受训者对培训内容、培训方式的反应情况。二是员工的工作表现。即受训者是否学有所获，当受训者返回工作岗位时，管理者可以考察其在工作技能与工作状态等方面的表现情况。三是企业的经营业绩。即培训工作是否促进了企业经营业绩的改善，在影响企业经营业绩的其他各种因素不变的情况下，企业经营业绩的优劣就成为衡量企业培训效果的尺度。一般来说，培训工作对企业经营业绩产生影响需要一个过程，但培训效果的不同可以使这个影响过程缩短或延长。

三、内部晋升——构建职业发展系统

作为战略人力资源管理的一项职能，内部晋升要解决各级员工及管理人员的合理晋升通道问题，由此推动企业人才的顺利成长，构建起梯队齐整的人才体系，从体制上保障企业发展所需要的人才储备。内部晋升构建的人才成长体系，从员工自身来说，就是一个职业发展系统。

以企业战略为导向，内部晋升—员工职业发展系统是战略人力资源管理的子模块，它为促进企业战略的阶段性目标实现而服务，保证企业人力资源战略的顺利推进。内部晋升—员工职业发展系统，对于培育和形成企业核心能力、促进和推动企业发展战略发挥着重要的功能。

1.员工职业发展系统的战略价值

员工职业发展系统是员工能力不断提升的过程，是员工不断成长的过程，员工的成长与能力提升是企业实现可持续发展的基础。员工职业发展系统的战略价值在于：一是能够推进企业的人力资源战略，促进员工素质与能力的提升，形成企业发展战略所需要的人才成长体系。二是能够培育和形成企业人力资源的核心能力群。所谓核心能力群是指在企业发展中能够担当重任的核心业务骨干、管理人才等。通过职业发展系。三是能够不断适应企业发展战略对于人力资源的动态需求。在企业发展战略推进的不同阶段上，基于阶段性的战略重点和战略任务，对于人力资源的素质、能力与结构有着不同的需求，而动态演进的员工职业发展系统会源源不断地为战略阶段的人力资源需求提供支持。随着企业发展战略的不断推进，员工职业发展系统也将不断跟进，并与企业发展战略相适应，从而实现人力资源供给与企业发展战略需求的动态平衡。

2.员工职业发展系统与企业核心能力

从总体上说，员工职业发展系统规定了企业发展所需要的员工素质、知识、技能、经验、价值观等。基于内部晋升的职业发展系统，激励并推动着企业员工不断实现工作目标，在实现工作目标的过程中形成人力资源的核心能力群，核心能力群在企业战略推进中通过一套管理机制转化为企业的核心能力。在企业发展的不同阶段上，职业发展系统都体现了对员工知识、能力、价值观等综合素质的要求，并对员工实施类别、级别、层级的任职资格分类与信息管理。按照企业战略不同阶段职业发展系统对员工综合素质和岗位晋升的要求，企业员工从不同的工作岗位、不同的职级出发，各自确立自己的工作目标和职务晋升目标并为之而不懈努力；随着企业战略阶段的不断推进，员工职业发展系统对不同层级的员工素质、能力与职务晋升要求也在不断提高，从而推动着企业员工在更高的起点、更高的层次上确立新的工作目标和新的努力方向。企业战略不断推进的过程，也是职业发展系统不断演进的过程，同时也是企业员工素质与能力不断提升的过程。由职业发展系统所驱动的员工能力提升与个人成长，是企业核心能力得以培育与形成的基础，企业核心竞争力最终来源于战略人力资源的成长能力。

3.员工职业发展系统与企业文化

员工职业发展系统必须体现企业价值观与员工个人价值观，并实现两者的有机融合与统一，因此职业发展系统与企业文化密切相关。良好的企业文化能够规范员工的工作行为，能够引导员工的价值选择，能够协调个人价值选择与企业价值选择之间的关系。在员工职业发展系统中，需要体现企业文化的基本要求，要以员工的个人发展为出发点，尊重员工的权利与个性，尊重员工的价值选择，充分发挥员工的聪明才智与创造能力，为员工能力的自由发挥提供广阔的平台，同时将员工能力的发挥引导于企业发展战略的方向，实现个人发展与企业发展的统一。渗透于企业文化的职业发展系统，能够使员工主动参与到职业发展中来，由被动式管理转变为主动式的自我管理。

四、雇佣保证——完善职业发展路径

1.建立员工职业发展管理系统

为了确保企业员工职业发展规划的贯彻落实，企业需要建立员工职业发展管理系统，通过董事会决策，将职业发展管理系统的建设任务下达给管理层。具体而言，由总经理牵头，人力资源部门主导，由各部门负责人共同组成专项小组，以总经理为组长，人力资源部门具体执行，各部门全力配合共同完成职业发展管理系统的构建。在具体操作过程中，企业人力资源部门会同各部门协商讨论职能分工，确定部门权责，形成企业内部有效的管理文件，进而规范各部门的工作职能，有序配合职业发展管理系统的建设工作。

当部门之间发生职能交叉时，依照权责范围进行协调，以完成制度建设为核心任务，共同处理好工作中出现的各种问题。在员工职业发展管理中，需要编写员工职业生涯规划书，并将现有员工的信息资料和职业生涯规划书汇入员工职业发展管理系统中，为此，需要对企业全体员工的发展现状与发展趋势做出准确的了解和预测，这需要企业各部门的积极配合，共同完成员工职业生涯规划和职业发展管理系统的建设工作。构建员工职业发展管理系统，能够使企业不断完善员工职业发展的路径，能够使员工更加清晰地看到个人职业发展的方向。

2.完善员工职业发展路径

在构建员工职业发展管理系统的基础上，需要不断完善员工职业发展的路径，具体包括以下几个方面：一是对员工的职业发展需求进行分析。为了进一步完善员工职业发展路径，需要对企业员工进行职业发展需求、岗位发展需求分析，以便了解每个员工的素质能力、工作偏好、自我价值、发展方向等，在此基础上，制定企业员工职业发展规划方案的实施保障措施。二是公平分配员工福利。企业的员工福利根据不同岗位和不同绩效水平有所区别，但由于一些福利并不是固定或公开的，部分福利存在高层操作的空间，由此损伤了员工的工作积极性。为了发挥福利对于员工的激励作用，必须公平公开地分配企业绩效和剩余，这对于维护员工队伍的稳定性十分重要。三是拓展员工职业发展通道。企业中的职业发展岗位类型大致可以分为三类：第一类是需要具备大局观、进取精神和强烈责任感的管理型岗位；第二类是需要拥有扎实技术储备、具备技术开发和创新能力的研发型岗位；第三类是需要具备专业性技能以及较强执行力的技能型岗位。在对员工进行职业生涯规划的过程中，需要结合这三种类型的职业发展岗位来为员工设计职业发展路径，以满足各类员工的职业发展需求。四是具体设计员工职业发展的选择路径。可供选择的职业发展路径主要包括以下几个方面。

（1）职业技术路径。在这一路径下，员工可以通过不断学习来提升自身在研发水平和专业知识方面的层次，职业发展岗位可以是工程师、高级工程师等。

（2）职业技能路径。在这一路径下，员工可以通过锻炼自身的实践型技能来提升岗位的工作效率，成为企业不可或缺的专项技能型熟练工，职业发展岗位可以是技工、高级技工等。

（3）行政管理路径。在这一路径下，员工可以通过知识、经验、能力的积累，以及组织管理能力的训练与提升，成为企业不同部门、不同层次的管理者。

五、薪酬激励——激发工作动力

薪酬激励是企业薪酬管理的核心内容，目前企业薪酬管理正在发生深刻的变化，主要表现为更加丰富的薪酬激励内涵、多样化与系统化的薪酬激励方式和手段、战略性的薪酬激励目标等。战略人力资源管理中亟待解决的重要问题是如何有效地开发企业中的各种人力资源、制定有效的薪酬激励措施，以激发企业员工的工作动力与创造精神。

1.薪酬激励机制设计的规则

薪酬激励机制的设计要求以人为本，通过规范的制度来激励企业员工的行为，调动企业员工的积极性，谋求管理的人性化与制度化之间的平衡，以达到有序管理和有效管理。为了激发员工的工作热情、持续提高员工的工作绩效，必须根据企业内外部环境变化和企业发展战略建立一套薪酬激励机制。薪酬激励机制设计的基本规则有如下内容。

首先，薪酬激励机制设计的出发点是满足企业员工的物质利益与个人发展需要。设计各种各样的外在性薪酬形式，并设计具有激励特性的工作方式，从而形成一个诱导性因素的集合，以满足企业员工的外在性需要和内在性需求。

其次，薪酬激励机制设计的直接目的是调动企业员工的工作积极性，最终目的是实现企业发展战略目标，通过激励机制的合理设计，实现个人利益与企业利益、个人目标与企业目标、个人价值与企业价值的有机统一。

再次，薪酬激励机制设计的核心是促进员工的行为规范，合理分配企业绩效。行为规范规定了个人以一定的行为方式去达到一定的目标。行为规范能够激励员工的工作能力得以正常发挥，并使员工的个人行为与企业目标达成一致。企业绩效的合理分配，将员工的工作业绩与薪酬所得紧密联系起来，即达到特定的工作目标（绩效标准）将会得到相应的奖酬。激励机制运行的最佳效果是在较低成本的条件下达到激励相容，即同时实现激励客体的个人目标和激励主体的企业目标，使激励客体的个人利益与激励主体的企业利益达到统一。

2.完善绩效评价制度

绩效评价制度是企业薪酬管理制度的重要组成部分，是企业薪酬激励机制的核心构成要素。完善绩效评价制度对于客观反映员工能力、工作业绩、激发员工的工作动力具有十分重要的价值。在员工的职业发展规划中，绩效评价制度起到界定员工能力、业绩与贡献的作用，并发挥着不断促进员工成长的功能。完善绩效评价制度应围绕着以下几个方面进行。

首先，明确绩效评价指标的确定原则。绩效评价是薪酬机制的重要环节，同时也是一种重要的激励方式。进行绩效考核与评价需要确定绩效评价指标，绩效评价指标确定的基本原则是：第一，客观性。尽可能采用科学的手段获得数据和信息，如实、准确、完整地反映绩效的好坏与优劣。第二，可比性。尽可能采用统一的、量化的统计手段考核和评价绩效，并适当参考同行业的考核评价指标体系用以确定指标的权重。第三，时效性。不同指标反映绩效的时间跨度是不同的，要有目的地采用反映短期目标与长期目标实现程度的指标，体现绩效评价的时效性。第四，可操作性。评价指标的设计要简明、清晰、可操作。第五，综合性。评价指标的设计要全面、综合地反映绩效的实际情况。

其次，实现绩效评价指标的优化组合。绩效评价指标的类型有如下几个方面。

（1）硬性指标。硬性指标是可以量化的直观指标，主要围绕着出勤率、完成工作的数量与质量、岗位职责履行的情况、工作目标实现的程度等制定硬性指标。

（2）软性指标。软性指标是难以量化的隐性指标，主要围绕着工作态度、工作积极性、团队协作、员工忠诚度、团队凝聚力、创新意识与精神等制定软性指标。

（3）价值指标。价值指标是反映员工价值的指标，主要围绕着员工的学历、历史贡献、工作与发展潜能、对企业发展的作用与影响等制定价值指标。为了全面、客观、准确地反映员工的工作绩效，需要根据员工的不同情况对绩效评价的各类指标进行优化组合。

再次，完善绩效评价的方法。绩效评价的方法主要有如下内容。

（1）岗位目标评价法。就是以岗位实现的工作目标来考评其绩效，而不是以实现目标的过程和手段来衡量。采用岗位目标评价法，需要运用全面合理的考评指标体系，而不能使用单一的、片面的考评指标。

（2）工作过程评价法。就是把员工的工作过程作为绩效考评的对象，而不是考评工作的目标结果。过程评价主要考评工作积极性、工作态度、工作进度、团队协作性、工作创新性等。

（3）工作伙伴评价法。这是在一个工作团队内部采取工作伙伴相互打分、相互评价的方法，主要评价工作伙伴之间的配合性、协调性、一致性、彼此促进性等。

（4）组织抽象评价法。就是企业不同层次的组织对员工个人的价值进行总体的抽象评价的方法。

3.完善薪酬体系设计

完善薪酬体系设计，首先需要分析影响薪酬设计的因素，其中主要包括：①外部环境因素：主要有经济发展状况、社会收入分配结构因素、法律法规因素、行业薪酬水平等；②企业生命周期因素：根据企业生命周期的不同阶段设计不同的薪酬水平；③工作性质因素：薪酬设计需要考虑不同工作性质的差异，体现不同性质的工作岗位的区别；④个体价值因素：企业组织中的某些成员对组织绩效有其独特的贡献和价值，薪酬设计要考虑到个体的独特价值。

完善薪酬体系设计，需要明确薪酬设计的基本原则，主要包括以下几个方面。

（1）内部一致性原则。薪酬设计要体现标准一致，使组织中的每个成员确信其获得的报酬体现了他们的价值，真实地反映了每个成员的全部工作绩效。

（2）行业竞争性原则。薪酬设计要考虑到同一个行业内部不同企业的平均薪酬水平，本企业的薪酬设计要具有行业竞争性，即薪酬水平不能低于同行业的平均水平。

（3）尺度统一原则。同一工作性质和同类工作岗位，考评指标体系要统一、一致，考评指标和考评方法对于每个员工一视同仁、一律平等。

（4）动态激励原则。薪酬设计要根据企业成长发展阶段、企业经营发展状况适时加以调整，通过动态调整对员工进行激励。

（5）简单明了原则。薪酬设计要简明扼要、直截了当，让每个员工清晰地看到薪酬分配与自己工作绩效的对应关系。

完善薪酬体系设计，需要明确和掌握薪酬设计的不同方式。不同的企业薪酬设计的方式可以不同，在同一个企业内部也可以有不同的薪酬设计方式。一般来说，薪酬设计的不同方式主要包括以下几个方面。

（1）岗位薪酬制。即针对不同的工作岗位设计包括基本薪酬、奖金和津贴等构成的岗位薪酬标准。

（2）业绩薪酬制。即根据员工的工作业绩以及业绩考评的结果设计薪酬，业绩考评人员应该准确设定业绩标准，并能够精确地进行绩效考评。

（3）激励薪酬制。激励薪酬制是根据员工达到和实现工作目标的程度与水平，设计奖励性的浮动薪酬标准。激励薪酬包括个人奖励计划和团队奖励计划，个人奖励计划主要激励独立工作的员工，团队奖励计划主要激励员工之间的相互支持和协作。

（4）能力薪酬制。即根据员工的工作能力设计薪酬标准。能力薪酬制包括知识薪酬和技能薪酬，知识薪酬是针对员工拥有和获取的知识水平设计薪酬标准，技能薪酬是针对员工拥有和掌握的工作技能设计薪酬标准。

（5）年度薪酬制。这是针对企业经营管理者设计的薪酬制，简称年薪制，即为经营管理者制定和下达年度工作目标与指标，并设计相应的年薪标准，根据年度工作目标与指标考评结果兑现年薪。

六、员工参与——保持企业发展活力

企业应重视员工参与尤其是高层次的参与及其制度建设，员工参与能够使员工获得主人翁责任感，能够体现员工的自我价值，可以使员工与管理者在意志与行动上保持一致性，让企业组织保持发展的活力与动力，提高企业在市场竞争中的适应性。

1.员工参与的组织形式

员工参与对于企业来说，实际上是一种参与式的管理，参与式管理需要有与之相适应的组织结构，企业的团队组织就是其中最重要、也是最佳的组织形式。良好的团队会为参与式管理提供和谐的人际关系和活跃的文化氛围，这是实行参与式管理的重要组织和文化保证。员工参与管理不可避免地会将意见和建议表面化，甚至会引起争议和分歧，团队则是一剂强有力的"镇静药"。团队所发挥的对员工的平衡与稳定作用主要来自两个方面：一是团队通过工作中的彼此协作和工作后的相互交流等形式来增进同事之间的感情，使同事成为工作伙伴和情感伙伴；二是企业通过奖励团队而不是奖励个人的方式来鼓励创造力和凝聚力，以消除个人竞争带来的某些不利影响。

2.员工参与的引导

实施员工参与管理要特别注意引导，要反复把企业当前的工作重点、市场形势和发展方向等信息传递给员工，使员工参与具有明确的方向性。在现实生活中，有些企业管理者面对潮水般涌来的建议和意见不知如何处理，这主要是由于他们自己对企业的经营方向、发展目标缺少准确的把握，不知道如何引导员工有目的、有针对性地提出意见和建议。对员工参与进行有效引导，需要注意以下几个方面：第一，要营造宽松活跃的企业文化氛围，让员工轻松愉快地从事本职工作，让员工从内心出发愿意为企业发展建言献策；第二，采取多种方式拓宽员工参与的路径，员工参与可以通过企业团队组织、工会组织、职代会、股东代表、公共邮箱、个人信函等多种方式与路径

进行有效引导；第三，在员工参与过程中，对于员工提出的任何意见与建议必须给予明确的答复，这既是对员工参与的鼓励，也是对员工参与的有效引导；第四，针对企业发展阶段、发展重点、企业发展面临的主要问题，对员工参与进行有计划、有重点、有步骤的引导。

3.员工参与的阶段

员工参与的程度与水平受制于员工的素质与经验等因素。从总体上说，员工参与需要根据员工的知识化程度和参与管理的经验程度等分阶段加以推进。

第一阶段，在员工知识化程度较低和参与管理经验不足的情况下，通常采取以控制为主的参与管理方式。控制型参与管理是让员工基于工作经验提出相关意见和建议，经过筛选后由企业主管人员确定解决方案并组织实施。在提出问题时是由员工主导的，在解决问题时主导权控制在企业主管人员手中，也就是说员工参与是在企业主管人员的控制下进行的。控制型参与管理的长处在于它的可控性，但由于它倾向于把参与的积极性控制在现有的标准、制度框架之内，因而难以进一步激发员工参与的主动性。

第二阶段，当员工知识化程度较高且有相当参与管理的经验时，一般采取授权式参与管理的方式。授权型参与管理的主要目标是希望员工在知识和经验的基础上不仅提出工作中的问题和建议，而且鼓励制定具体实施和解决实案，在得到批准后被授予实施的权力，以员工为主导完成参与管理的全过程。

第三阶段，当员工的知识化程度和参与管理的经验程度很高时，可以采取全方位参与管理的方式。这种参与不限于员工目前所从事的工作，员工可以根据自己的认识、判断和感悟，对自己工作范围以外的其他工作提出建议和意见，企业管理者全面接受来自不同员工的多方面意见，让员工全方位参与管理，全面激发员工参与的积极性。这种全方位参与管理的方式，要求员工具有较为广博的知识与经验，要求管理部门营造宽松和谐的企业文化氛围，并为员工广泛参与提供广阔的平台。

4.重视新生代员工参与

在现代企业的员工队伍中，新生代员工占有很高比重。与老一代企业员工相比，新生代员工的特点是：首先，多数新生代员工接受过中高等教育，具有良好的知识结构和较强的工作技能，思想观念先进，综合素质和综合能力较强；其次，新生代员工具有强烈的自我个性，具有自我表达、自我表现、自我实现的欲望与倾向，在社会组织面前具有强烈的参与意识；再次，新生代员工更注重职业生涯设计，倾向于将个人目标与企业目标、个人价值与企业价值、个人成长与企业发展联系起来考虑问题。对于企业组织来说，新生代员工更多地属于人力资本，在企业发展中具有战略人力资源的属性，同时新生代员工基于自身的综合素质，对于企业发展所提出的意见和建议具有相当程度的合理性。因此，企业组织应该更加重视新生代员工的参与，努力营造新生代员工自觉参与、主动参与的良好氛围，注重激发和提高新生代员工的参与意识和参与热情，让新生代员工在参与推动企业发展的过程中发挥更大的作用。

附 录

调查问卷

企业管理层调查问卷

第一部分　基本信息

所有题项均为单选，请在符合实情选项前的□里划"√"。

1.您目前就职企业的所在地区：

　　□东部地区　□中部地区　□西部地区　□东北地区

2.您目前就职企业的所属行业：

　　□制造业　　□金融业　　□信息技术产业　□旅游业

　　□建筑业　　□交通运输及仓储业　□采矿业　　□农林牧渔业

　　□零售业　　□酒店和餐饮业　　□房地产业　□商务服务业

　　□其他行业

3.您目前就职企业的成立时间：

　　□1-5年　　　□6-10年　　□11-15年

　　□16-20年　□21年及以上

4.您目前就职企业的性质：

　　□国有独资及国有控股企业　　□集体所有制企业

　　□民营企业　　　　　　　　　□外商独资或合资企业

　　□其他类型企业

5.您目前就职企业的员工人数：

　　□100-200人　□200-400人　□400-700人

　　□700-1000人　□1000人以上

6.您目前就职企业的销售额：

　　□0.5-1亿元　□1-5亿元　　□5-20亿元

　　□20-50亿元　□50亿元以上

第二部分　战略人力资源管理测量

所有题项均为单选，请在符合实情选项前的□里划"√"。

1.在本企业中，员工有许多晋升机会：

　　□非常不符合　　□比较不符合　　□一般　　□比较符合　　□非常符合

2.本企业为员工提供全面的培训：

　　□非常不符合　　□比较不符合　　□一般　　□比较符合　　□非常符合

3.即使遇到经济困难，本企业也不会轻易解雇员工：

　　□非常不符合　　□比较不符合　　□一般　　□比较符合　　□非常符合

4.本企业的决策会参考员工提出的意见：

　　□非常不符合　　□比较不符合　　□一般　　□比较符合　　□非常符合

5.本企业十分重视员工选拔过程：

　　□非常不符合　　□比较不符合　　□一般　　□比较符合　　□非常符合

6.本企业根据员工的绩效评估其应得的薪酬水平：

　　□非常不符合　　□比较不符合　　□一般　　□比较符合　　□非常符合

第三部分　竞争优势测量

所有题项均为单选，请在符合实情选项前的□里划"√"。

（一）低成本优势

1.与行业主要竞争对手相比，本企业可以以更低的成本提供同等质量的产品或服务：

　　□非常不符合　　□比较不符合　　□一般　　□比较符合　　□非常符合

2.与行业主要竞争对手相比，本企业的生产成本更低：

　　□非常不符合　　□比较不符合　　□一般　　□比较符合　　□非常符合

3.与行业主要竞争对手相比，本企业的管理人员更重视成本控制：

□非常不符合　　□比较不符合　　□一般　　□比较符合　　□非常符合

（二）差异化优势

1.与行业主要竞争对手相比，本企业能运用更好的管理经验，降低学习成本：

□非常不符合　　□比较不符合　　□一般　　□比较符合　　□非常符合

2.与行业主要竞争对手相比，本企业拥有质量更好的产品或服务：

□非常不符合　　□比较不符合　　□一般　　□比较符合　　□非常符合

3.与行业主要竞争对手相比，本企业更能吸引新顾客或潜在顾客：

□非常不符合　　□比较不符合　　□一般　　□比较符合　　□非常符合

（三）集中化优势

1.本企业为某一类特定顾客群体提供产品或服务：

□非常不符合　　□比较不符合　　□一般　　□比较符合　　□非常符合

2.与行业主要竞争对手相比，本企业是某一细分市场中的领先企业：

□非常不符合　　□比较不符合　　□一般　　□比较符合　　□非常符合

3.与行业主要竞争对手相比，本企业主攻某一地区的市场：

□非常不符合　　□比较不符合　　□一般　　□比较符合　　□非常符合

第四部分　动态能力测量

所有题项均为单选，请在符合实情选项前的□里划"√"。

（一）感知能力

1.本企业熟知所处行业的发展和运行规律：

□非常不符合　　□比较不符合　　□一般　　□比较符合　　□非常符合

2.本企业能迅速觉察顾客的需求及其变化：

□非常不符合　　□比较不符合　　□一般　　□比较符合　　□非常符合

3.本企业能迅速觉察外部市场的变化，并从中发现新的机会：

□非常不符合　　□比较不符合　　□一般　　□比较符合　　□非常符合

（二）整合能力

1.本企业的工作方式与方法灵活：

　　□非常不符合　　□比较不符合　　□一般　　□比较符合　　□非常符合

2.本企业能有效落实战略或决策：

　　□非常不符合　　□比较不符合　　□一般　　□比较符合　　□非常符合

3.本企业能合理分配资源：

　　□非常不符合　　□比较不符合　　□一般　　□比较符合　　□非常符合

（三）重构能力

1.本企业对创新活动投入大量资源：

　　□非常不符合　　□比较不符合　　□一般　　□比较符合　　□非常符合

2.本企业鼓励员工进行创新和变革：

　　□非常不符合　　□比较不符合　　□一般　　□比较符合　　□非常符合

3.本企业能根据外部市场环境变化，及时调整优化企业的资产结构：

　　□非常不符合　　□比较不符合　　□一般　　□比较符合　　□非常符合

第五部分　环境动态性测量

所有题项均为单选，请在符合实情选项前的□里划"√"。

1.从整个行业来看，本企业所处的行业技术变化很快：

　　□非常不符合　　□比较不符合　　□一般　　□比较符合　　□非常符合

2.本行业的顾客对产品或服务需求变化大：

　　□非常不符合　　□比较不符合　　□一般　　□比较符合　　□非常符合

3.本企业的竞争对手经常推出新产品或新服务：

　　□非常不符合　　□比较不符合　　□一般　　□比较符合　　□非常符合

企业员工调查问卷

第一部分　基本信息

所有题项均为单选，请在符合实情选项前的□里划"√"。

1.您的性别：

　　□男　　　　　□女

2.您的年龄：

　　□20–30岁　　□31–40岁　　□41–50岁　　□51岁及以上

3.您的学历：

　　□初中及以下　□高中/中专　□本科/大专　□硕士及以上

4.您在目前就职企业的工龄

　　□1年以下　　□1–3年　　□3–5年　　□5–8年　　□8年以上

第二部分　员工主动行为测量

所有题项均为单选，请在符合实情选项前的□里划"√"。

1.我会积极抓住本企业提供给我的学习或工作机会：

　　□非常不符合　□比较不符合　□一般　□比较符合　□非常符合

2.为了更好地完成工作，我会自觉地思考更好的工作方法：

　　□非常不符合　□比较不符合　□一般　□比较符合　□非常符合

3.我会主动与上司沟通，以期提升个人工作效率

　　□非常不符合　□比较不符合　□一般　□比较符合　□非常符合

4.当同事遇到困难时，我会主动帮助他们：

　　□非常不符合　□比较不符合　□一般　□比较符合　□非常符合

5.我愿意与同事分享工作所需要的知识：

　　□非常不符合　□比较不符合　□一般　□比较符合　□非常符合

6.我会积极思考对策，以期提升本企业的经营效率：

　　□非常不符合　□比较不符合　□一般　□比较符合　□非常符合

参考文献

[1] [美] Dessler, Gary. 人力资源管理[M]. 北京：清华大学出版社，2010.

[2] [英] Edward Chamberlin. 周文，译. 垄断竞争理论 [M]. 北京：华夏出版社，2009.

[3] [美] John M. Ivancevich. 赵曙明，译. 人力资源管理[M]. 北京：机械工业出版社. 2005.

[4] [美] Taylor, F.W. 科学管理原理[M]. 北京：中国社会科学出版社，1984.

[5] 丁静. 战略人力资源管理与组织绩效的关系模型探讨——基于动态能力的视角[J]. 商业时代，2011（21）：88–89.

[6] 马鸿佳，宋春华，葛宝山. 动态能力、即兴能力与竞争优势关系研究 [J]. 外国经济与管理，2015，37（11）：25–37.

[7] 王建军，昝冬平. 动态能力、危机管理与企业竞争优势关系研究 [J]. 科研管理，2015，36（07）：79–85.

[8] 王菁娜，王亚江，韩静. 企业动态能力的概念发展与维度测量研究[J]. 北京师范大学学报（社会科学版），2010（06）：123–133.

[9] 王惠慧. 谈战略人力资源管理、市场导向与组织绩效的关系[J]. 商业时代，2012（30）：94–95.

[10] 王雅洁，马树强，高素英. 基于中国情境的战略人力资源管理选择动因研究[J]. 管理学报，2013，10（04）：552–557.

[11] 毛娜，宋合义，谭乐. 环境、战略、人力资源管理的相互作用及对绩效的影响[J]. 科学学与科学技术管理，2010，31（01）：162–167.

[12] 尹碧波，张国安. 以资源为基础的企业竞争优势理论的演进与发展趋势[J]. 华东经济管理，2010，24（06）：89–92.

[13] 田结合. 浅析人力资源战略管理与竞争优势[J]. 人才资源开发，2017（12）：230–231.

[14] 代文彬，慕静，张丽，任立肖. 基于动态能力理论的企业交流管理研究

[J].当代财经，2017（02）：66-73.

[15]白景坤.机会逻辑下企业持续竞争优势的形成机理——动态能力多重观点的整合与拓展[J].经济管理，2014，36（03）：180-189.

[16]丛龙峰，杨斌.论战略人力资源管理对战略形成的影响[J].管理学报，2012，9（11）：1616-1626.

[17]冯军政，魏江.国外动态能力维度划分及测量研究综述与展望[J].外国经济与管理，2011，33（07）：26-33+57.

[18]邢会，高素英，张金，张艳丽.战略人力资源管理研究：一个整合的视角[J].科技管理研究，2010，30（24）：157-161.

[19]朱伟民.战略人力资源管理与企业竞争优势——基于资源基础理论的考察[J].科学学与科学技术管理，2007（12）：119-126.

[20]朱玥腾.基于企业竞争优势的战略人力资源管理[J].经济导刊，2011（01）：60-61.

[21]朱瑜，王小霏，孙楠，李云健.基于战略人力资源管理视角的组织复原力研究[J].管理评论，2014，26（12）：78-90.

[22]刘飞，简兆权.可持续竞争优势：基于动态能力的视角[J].科学管理研究，2010，28（03）：51-55+68.

[23]刘井建.创业学习、动态能力与新创企业绩效的关系研究——环境动态性的调节[J].科学学研究，2011，29（05）：728-734.

[24]刘立娜，于渤.知识和组织惯例互动演化视角下后发企业动态能力的微观基础[J].管理学报，2019，16（07）：1044-1053.

[25]刘刚，刘静.动态能力对企业绩效影响的实证研究——基于环境动态性的视角[J].经济理论与经济管理，2013（03）：83-94.

[26]刘善仕，周巧笑，黄同圳，刘学.企业战略、人力资源管理系统与企业绩效的关系研究[J].中国管理科学，2008（03）：181-192.

[27]刘新梅，王文隆.战略人力资源管理实践与组织创造力关系研究——组织学习能力的中介作用[J].科技进步与对策，2013，30（21）：19-24.

[28]齐亚宁.新形势下图书馆的人力资源管理初探[J].科技资讯，2013

（36）：247.

[29] 江成城.供应链动态能力及其形成机制[J].中国商贸,2011（18）：177+240.

[30] 江积海,刘敏.动态能力重构及其与竞争优势关系实证研究[J].科研管理,2014,35（08）：75-82.

[31] 孙国旗.竞争优势与人力资源战略管理[J].中国培训,2011（05）：18-19.

[32] 孙锐,李树文,顾琴轩.双元环境下战略人力资源管理影响组织创新的中介机制：企业生命周期视角[J].南开管理评论,2018,21（05）：176-187.

[33] 孙锐,李树文.研发型企业战略人力资源管理举措对产品创新的作用：外部平衡式环境的影响[J].科学与科学技术管理,2019,40（10）：70-83.

[34] 孙锐.战略人力资源管理、组织创新氛围与研发人员创新[J].科研管理,2014,35（08）：34-43.

[35] 孙瑜,于桂兰,梁潇杰.战略人力资源管理对工作绩效跨层次影响的实证检验[J].统计与决策,2018,34（16）：185-188.

[36] 纪晓丽,周兴驰.高新企业的战略人力资源管理契合、人力资源管理效能与企业组织绩效的关系研究[J].软科学,2012,26（11）：99-104.

[37] 苏方国.基于资源基础观的战略人力资源管理[J].深圳大学学报（人文社会科学版）,2005（04）：46-50.

[38] 杜小民,高洋,刘国亮,葛宝山.战略与创业融合新视角下的动态能力研究[J].外国经济与管理,2015,37（02）：18-28.

[39] 李大元,项保华,陈应龙.企业动态能力及其功效：环境不确定性的影响[J].南开管理评论,2009,12（06）：60-68.

[40] 李键.战略人力资源管理的理论依据及其实施制度设计[J].商业时代,2010（24）：79-80.

[41] 吴航.动态能力的维度划分及对创新绩效的影响——对Teece经典定义的思考[J].管理评论,2016,28（03）：76-83.

[42] 吴航.动态能力视角下企业创新绩效提升机制研究：以战略导向为调节[J].中国地质大学学报（社会科学版）,2015,15（01）：132-139.

[43] 邹建辉,陈德智.动态能力与企业绩效关系的元分析研究[J].管理现代

化，2020，40（04）：66-69.

[44] 汪金祥，廖慧艳，吴世农.企业竞争优势的度量、来源与经济后果——基于中国上市公司的实证研究[J].经济管理，2014，36（11）：58-67.

[45] 宋典，汪晓媛，张伟炜.战略人力资源管理的新发展——基于HRM氛围的过程范式[J].科学学与科学技术管理，2013，34（03）：153-161.

[46] 张正堂，刘宁.人力资源管理与企业绩效关联性的研究[J].中国人力资源开发，2005（05）：9-11+17.

[47] 张正堂.战略人力资源管理的理论模式[J].南开管理评论，2005（05）：50-56.

[48] 张弘达.战略人力资源管理与企业竞争优势研究[J].现代经济信息，2019（06）：21+23.

[49] 张伟，郭立宏，张武康.企业经营创新、动态能力与竞争优势关系研究[J].科技进步与对策，2018，35（17）：91-99.

[50] 张军，张素平，许庆瑞.企业动态能力构建的组织机制研究——基于知识共享与集体解释视角的案例研究[J].科学学研究，2012，30（09）：1405-1415.

[51] 张钢，许庆瑞.文化类型、组织结构与企业技术创新[J].科研管理，1996（05）：26-31.

[52] 张根明，陈才.企业家能力对企业竞争优势的影响研究[J].中国软科学，2010（10）：164-171.

[53] 张雪平.知识管理视角下企业动态能力的提升[J].企业经济，2012，31（10）：30-33.

[54] 陈万思，姚圣娟，丁珏.战略人力资源管理效能、组织学习与创新[J].华东经济管理，2013，27（02）：112-117.

[55] 陈珉，余臻荣.从价值发现到价值创造——实现财务管理变革的方法和工具[J].中国企业家，2003（11）：130-131.

[56] 陈晓萍，徐淑英，樊景立.组织与管理研究的实证方法[M].北京：北京大学出版社，2012.

[57] 苗慧，宋典.市场型和培育型战略人力资源管理模式对企业绩效影响的实证研究——基于人力资本属性的探讨[J].科技进步与对策，2010，27（14）：150-153.

[58] 罗永泰，吴树桐.企业资源整合过程中动态能力形成的关键路径分析[J].北京工商大学学报（社会科学版），2009，24（03）：23-30.

[59] 庞学思.论人力资源战略管理与企业竞争优势[J].知识经济，2015（19）：85-86.

[60] 项保华.战略管理–艺术与实务[M].上海：复旦大学出版社.2007.

[61] 胡欣.战略人力资源管理的理论与发展——评《战略人力资源管理》[J].新闻与写作，2017（03）：125.

[62] 侯春明.分析企业战略人力资源管理对竞争优势的影响[J].轻工科技，2016，32（01）：116-117.

[63] 姜加宏，曾奕.供应链管理型企业战略绩效评价体系构建[J].商业时代，2006（27）：11.

[64] 贺小刚，李新春，方海鹰.动态能力的测量与功效：基于中国经验的实证研究[J].管理世界，2006（03）：94-103+113+171.

[65] 耿帅.共享性资源与集群企业竞争优势的关联性分析[J].管理世界，2005（11）：112-119.

[66] 聂会平.动态环境中的人力资源柔性与企业绩效——基于战略人力资源管理框架的实证研究[J].北京师范大学学报（社会科学版），2012（02）：114-120.

[67] 徐召红，杨蕙馨.动态能力与企业竞争优势的关系及作用机理[J].经济问题探索，2013（09）：150-156.

[68] 高洋，葛宝山，蒋大可.组织学习、惯例更新与竞争优势之间的关系——基于不同环境不确定水平的研究[J].科学学研究，2017，35（09）：1386-1395.

[69] 唐孝文，刘敦虎，肖进.动态能力视角下的战略转型过程机理研究[J].科研管理，2015，36（01）：90-96.

[70] 唐贵瑶，陈扬，于冰洁，魏立群．战略人力资源管理与新产品开发绩效的关系研究[J]．科研管理，2016，37（11）：98-106．

[71] 曹芳萍，温玲玉，蔡明达．绿色管理、企业形象与竞争优势关联性研究[J]．华东经济管理，2012，26（10）：117-122．

[72] 戚振江，王重鸣．公司创业战略、人力资源结构与人力资源策略研究[J]．科研管理，2010，31（04）：146-155．

[73] 崔瑜，焦豪．企业动态能力提升作用机制研究：基于学习理论的视角[J]．软科学，2009，23（04）：30-35．

[74] 董保宝，李白杨．新创企业学习导向、动态能力与竞争优势关系研究[J]．管理学报，2014，11（03）：376-382．

[75] 董保宝，周晓月．网络导向、创业能力与新企业竞争优势——一个交互效应模型及其启示[J]．南方经济，2015（01）：37-53．

[76] 董保宝，葛宝山，王侃．资源整合过程、动态能力与竞争优势：机理与路径[J]．管理世界，2011（03）：92-101．

[77] 董保宝．网络结构与竞争优势关系研究——基于动态能力中介效应的视角[J]．管理学报，2012，9（01）：50-56．

[78] 蒋蓉．基于动态能力构建的家族企业可持续发展研究[J]．企业经济，2013，32（02）：61-64．

[79] 程德俊．不同战略范式下的人力资源管理理论综述与比较[J]．管理科学，2004（06）：81-86．

[80] 曾萍，邓腾智，宋铁波．社会资本、动态能力与企业创新关系的实证研究[J]．科研管理，2013，34（04）：50-59．

[81] 靳勇．我国企业战略人力资源管理的构建[J]．中国商贸，2011（02）：71-72．

[82] 简兆权，刘荣，何紫薇．吸收能力、整合能力对动态能力及可持续竞争优势的影响研究[J]．科技进步与对策，2011，28（17）：5-11．

[83] 解勇．社会资本视角的战略人力资源管理行为研究[J]．中国商贸，2010（02）：67-68．

[84] 熊立，谢奉军. 全方位战略人力资源管理系统匹配模型研究[J]. 改革与战略，2015，31（10）：52-56+86.

[85] 熊胜绪. 动态能力理论的战略管理思想及其理论基础探析[J]. 企业经济，2011，30（06）：5-9.

[86] 潘宏亮，杨晨. 吸收能力、关系网络对创新绩效和竞争优势的影响关系研究[J]. 图书馆理论与实践，2010（10）：34-38.

[87] Amit R，Schoemaker P. Strategic assets and organizational rent[J]. Strategic Management Journal，1993，14（1）：33-46.

[88] Aragon-Correa J A，Sharma S. A Contingent Resource-Based View Of Proactive Corporate Environmental Strategy[J]. Academy of Management Review，2003，28（1）：71-88.

[89] Bakke，E. Wight. The Human Resources Function[M]. New Haven：Yale Labor Management Center，1958.

[90] Ballot G，F F akhfakh，Taymaz E. Who Benefits from Training and R&D，the Firm or the Workers? [J]. British Journal of Industrial Relations，2006，44（3）：473-495.

[91] Barney J B，Lucas H C. Strategies for Electronic Commerce and the Internet[J]. Journal of the American Society for Information Science & Technology，2002，53（4）：1187-1188.

[92] Barney J B，Wright P M. On Becoming a Strategic Partner：The Role of Human Resources in Gaining Competitive Advantage[J]. Human Resource Management，1998，37（1）：31-46.

[93] Barney J B. Firm Resources and Sustained Competitive Advantage[J]. Advances in Strategic Management，1991，17（1）：99-120.

[94] Barney J B. Types of Competition and the Theory of Strategy：Toward an Integrative Framework[J]. The Academy of Management Review，1986，11（4）：791-800.

[95] Becker B E，Huselid M A. Direct Estimates of SD[suby] and the Implications for

Utility Analysis[J]. Journal of Applied Psychology, 1992, 77 (3): 227 - 233.

[96] Becker B E, Huselid M A. Strategic Human Resources Management: Where Do We Go From Here? [J]. Journal of Management, 2006, 32 (6): 898-925.

[97] Becker B, Gerhart B. Progress and Prospects The Impact of Human Resource Management on Organizational Performance: Progeress and Prospects [J]. Academy of Management Journal, 1996, 39 (4): 779-801.

[98] Becker G S. Human Capital: A Theoretical and Empirical Analysis with Special Reference to Education, Third Edition[J]. NBER Books, 1994, 18 (1): 556.

[99] Boxall P. The Strategic Hrm Debate and the Resource - based View of the Firm[J]. Human Resource Management Journal, 1996, 6 (3): 59-75.

[100] Cappelli, P. Examining Managerial Displacement [J]. Academy of Management Journal, 1992, 35 (1): 203-217.

[101] Cascio, Wayne F. Human Resources Systems in an International Alliance: The Undoing of a Done Deal? [J], Organizational Dynamics, 1991, 19 (3): 63 - 74.

[102] Christoph Zott. Dynamic Capabilities and the Emergence of Intraindustry Differential Firm Performance: Insights from a Simulation Study [J]. Strategic Management Journal, 2003, 24 (2): 97-125.

[103] Colbert B A. The Complex Resource–Based View: Implications for Theory and Practice in Strategic Human Resource Management[J]. Academy of Management Review, 2004, 29 (3): 341-358.

[104] Collis D J. A Resource–based Analysis of Global Competition: The case of the bearings industry[J]. Strategic Management Journal, 1991, 12: 49-68.

[105] Conner, Kathleen R. A Historical Comparison of Resource–Based Theory and Five Schools of Thought Within Industrial Organization Economics: Do We Have a New Theory of the Firm? [J]. Journal of Management, 1991, 17

（1）：121-154.

[106] Constance E. Helfat; Ruth S. Raubitschek. Product sequencing: co-evolution of knowledge, capabilities and products [J]. Strategic Management Journal, 2000, 21（10/11）：961-979.

[107] D Guest. Personnel And HRM: Can You Tell The Difference?[J]. Personnel Management, 1989, 21（1）：48-51.

[108] Danny Miller; Peter H. Friesen. Innovation in conservative and entrepreneurial firms: Two models of strategic momentum [J]. Strategic Management Journal, 1982, 3（1）：1-25.

[109] Dave Ulrich; Dale Lake. Organizational Capability: Creating Competitive Advantage [J]. The Executive, 1991, 5（1）：77-92.

[110] David A. Griffith; Michael G. Harvey. A Resource Perspective of Global Dynamic Capabilities [J]. Journal of International Business Studies, 2001, 32（3）：597-606.

[111] David Besanko; David Dranove; Mark Shanley. Exploiting a Cost Advantage and Coping with a Cost Disadvantage [J]. Management Science, 2001, 47（2）：221-235.

[112] David E.Bowen; Cheri Ostroff. Understanding HRM-Firm Performance Linkages: The Role of the "Strength" of the HRM System [J]. The Academy of Management Review, 2004, 29（2）：203-221.

[113] David J. Teece. Dynamic Capabilities and Strategic Management : Organizing for Innovation and Growth [M]. New York : OUP Oxford. 2009.

[114] David Neumark; Peter Cappelli. Do "High Performance" Work Practices Improve Establishment-Level Outcomes? [J]. Industrial & Labor Relations Review, 1999, 54（4）：737-775.

[115] David P. Lepak, Scott A. Snell. The Human Resource Architecture: Toward a Theory of Human Capital Allocation and Development [J]. The Academy of Management Review, 1999, 24（1）：31.

[116] Day G S, Wensley R. Assessing Advantage: A Framework for Diagnosing Competitive Superiority [J]. Journal of Marketing, 1988, 52（2）: 1-20.

[117] Delery J E, Doty D H. Modes of Theorizing in Strategic Human Resource Management: Tests of Universalistic, Contingency, and Configurational Performance Predictions [J]. Academy of Management Journal, 1996, 39（4）: 802-835.

[118] Devanna M A, Fombrun C, Tichy N. Human resources management: A strategic perspective [J]. Organizational Dynamics, 1982, 9（3）: 51-67.

[119] Dreyer B, Gronhaug K. Uncertainty, flexibility, and sustained competitive advantage [J]. Journal of Business Research, 2004, 57（5）: 484-494.

[120] Drucker, Peter F. Practice of Management [M]. New York: Harper & Brothers, 1954.

[121] Eisenhardt K M, Martin J A. Dynamic Capabilities: What Are They? [J]. The Evolution of Firm Capabilities Strategic Management Journal, 2000, 21（10-11）: 1105-1121.

[122] Flamholtz E G, Lacey J. The Implications of the Economic Theory of Human Capital for Personnel Management[J]. Personnel Review, 1981, 10（1）: 30-40.

[123] Gary S. Becker. Human Capital: A Theoretical and Empirical Analysis with Special Reference to Education [J]. National Bureau of Economic Research, 1964.

[124] Gary S. Becker. Investment in Human Capital: A Theoretical Analysis [J]. Journal of Political Economy, 1962, 70（5）: 9-49.

[125] Grant A M, Parker S, Collins C. Getting credit for proactive behavior: supervisor reactions depend on what you value and how you feel [J]. Personnel Psychology, 2009, 62（1）, 31-55.

[126] Greer, Charles R.; Jackson, Dana L.; Fiorito, Jack. Adapting Human

Resource Planning in a Changing Business Environment[J]. Human Resource Management, 1989, 28（1）: 105-123.

[127] Griffin C A, Lockwood C A. Creating active learning applications and opportunities for an on-line leadership course[J]. Academy of Educational Leadership Journal, 2010, 14（3）: 77-90.

[128] Guest D E. Human resource management and performance: still searching for some answers[J]. Human Resource Management Journal, 2011, 21（1）: 3-13.

[129] Harreld J B, O'Reilly C A, Tushman M L. Dynamic Capabilities at IBM: Driving Strategy into Action[J]. California Management Review, 2007, 49（4）: 21-43.

[130] Helfat C E, Eisenhardt K M. Inter-temporal economies of scope, organizational modularity, and the dynamics of diversification[J]. Strategic Management Journal, 2004, 25（13）: 1217-1232.

[131] Helfat C E, Peteraf M A. The dynamic resource - based view: capability lifecycles[J]. Strategic Management Journal, 2003, 24（10）: 997-1010.

[132] Higgins, Robert C. Analysis for Financial Management[M]. Peking University Press. 2015.

[133] Hitt M A, Bierman L, Shimizu K. Direct and Moderating Effects of Human Capital on Strategy and Performance in Professional Service Firms: A Resource-Based Perspective[J]. Academy of Management Journal, 2001, 44（1）: 13-28.

[134] Huber F, Herrmann A, Morgan R E. Gaining Competitive Advantage through Customer Value oriented Management[J]. Journal of Consumer Marketing, 2001, 18（1）: 41-53（13）.

[135] Huselid M A. The Impact of Human Resource Management Practices On Turnover, Productivity, And Corporate Financial Performance[J]. Academy of Management Journal, 1995, 38（3）: 635-672.

[136] Jackson SE, Schuler R. Linking competitive strategies with human resource management practices[J]. Academy of Management Executive, 1987, 23 (3), 241-256.

[137] Jackson SE, Schuler R. Understanding human resource management in the context of organizations and their environments[J]. Annu Rev Psychol, 1995, 46 (1): 237-264.

[138] Joseph T. Mahoney; J. Rajendran Pandian. The Resource-based View within the Conversation of Strategic Management[J]. Strategic Management Journal, 1992, 13 (5): 363-380.

[139] Kamoche K. A Critique and A Proposed Reformulation of Strategic Human Resource Management[J]. Human Resource Management Journal, 1994, 4 (4): 29-43.

[140] Kimberly K. Whitehead; Zach G. Zacharia; Edmund L. Prater. Absorptive capacity versus distributive capability[J]. International Journal of Operations & Production Management, 2016, 36 (10): 1308-1332.

[141] Lado A, Wilson M. Human resource systems sustained competitive advantage: A competency-based perspective[J]. Academy of Management Review, 1994, 19 (4): 699-727.

[142] Lavie, D. Analysis Of Incumbent Responses To Technological Change[J]. Academy of Management Review, 2006, 31 (1): 153-174.

[143] Madhok A, Osegowitsch T. The International Biotechnology Industry: A Dynamic Capabilities Perspective[J]. Journal of International Business Studies, 2000, 31 (2): 325-335.

[144] Martell K, Carroll S J. Which executive human resource management practices for top management are associated with higher firm performance [J]. Human Resource Management, 1995, 34 (4): 497-512.

[145] Mathews J A. A resource-based view of Schumpeterian economic dynamics[J]. Journal of Evolutionary Economics, 2002, 12 (1-2): 29-

54.

[146] Michael E. Porter. Competitive Strategy : Techniques for Analyzing Industries and Competitors[M]. Free Press, 1980.

[147] Miles R E . Human Relations or Human Resources[J]. Harvard Business Review, 1965, 43（4）: 148-163.

[148] Miles, Raymond E.; Snow, Charles C. Fit, Failure And The Hall of Fame[J]. California Management Review, 1984, 26（3）: 10-28.

[149] Miles, Raymond E.; Snow, Charles C. Organizations: New Concepts for New Forms[J]. California Management Review, 1986, 28（3）: 62-73.

[150] Norton, David P.; Kaplan, Robert S. The Balanced Scorecard: Translating Strategy into Action[M]. Harvard Business School Press Books. 1996.

[151] P. N. SubbaNarasimha. Strategy in Turbulent Environments: The Role of Dynamic Competence[J]. Managerial and Decision Economics, 2001, 22（4/5）: 201-212.

[152] Pablo A L, Reay T, Dewald J R, et al. Identifying, Enabling and Managing Dynamic Capabilities in the Public Sector[J]. Journal of Management Studies, 2007, 44（5）: 687-708.

[153] Paek, Byungjoo; Lee, Heesang. Strategic entrepreneurship and competitive advantage of established firms: Evidence from the digital TV industry[J]. International Entrepreneurship & Management Journal, 2018, 14（4）: 883-925.

[154] Parnes H S. Peoplepower: Elements of Human Resource Policy[M]. Sage Publications, 1984.

[155] Pfeffer, Jeffrey. Competitive advantage through people[J]. California Management Review, 1994, 36（2）: 9-28.

[156] Porter M E . The Five Competitive Forces That Shape Strategy[J]. Harvard Business Review, 2008, 86（1）: 78-93, 137.

[157] Porter, Michael E. Technology and Competitive Advantage[J]. Journal of

Business Strategy, 1985, 5（3）: 60–78.

[158] Reed, Richard; DeFillippi, Robert J. Causal Ambiguity, Barriers to Imitation, and Sustainable Competitive Advantage[J]. Academy of Management Review, 1990, 15（1）: 88–102.

[159] Richard S. Rosenbloom. Leadership, Capabilities, and Technological Change: The Transformation of NCR in the Electronic Era[J]. Strategic Management Journal, 2000, 21（10–11）: 1083–1103.

[160] Ron Adner; Constance E. Helfat. Corporate effects and dynamic managerial capabilities[J]. Strategic Management Journal, 2003, 24（10）: 1011–1025.

[161] Salvato C. The Role of Micro–Strategies in the Engineering of Firm Evolution[J]. Journal of Management Studies, 2010, 40（1）: 83–108.

[162] Schilke O. On the contingent value of dynamic capabilities for competitive advantage: The nonlinear moderating effect of environmental dynamism[J]. Strategic Management Journal, 2014, 35（2）: 179–203.

[163] Schuler R. Strategic Human Resource Management[J]. Human Relations, 1989, 42（2）: 157–184.

[164] Snell S A, Dean J W. Integrated Manufacturing and Human Resource Management: A Human Capital Perspective[J]. Academy of Management Journal, 1992, 35（3）: 467–504.

[165] Snell, Scott A.; Snow, Charles C.; Davison, Sue Canney; Hambrick, Donald C. Designing and supporting transnational teams: The human resource agenda[J]. Human Resource Management, 1998, 37（2）: 147–158.

[166] Sull D N, Escobarl M. Creating Value in an Unpredictable World[J]. Business Strategy Review, 2004, 15（3）: 14–20.

[167] Tannenbaum, Scott I.; Dupuree–Bruno, Lisa M.. The relationship between organizational and environmental factors and the use of innovative human

resource practices[J]. Group & Organization Management, 1994, 19 （2）: 32–63.

[168] Teece D J. Capturing value from knowledge assets: the new economy, markets for know-how, and intangible assets[J]. California Management Review, 1998, 40 （3）: 55–79.

[169] Teece D J. Explicating dynamic capabilities: the nature and microfoundations of （sustainable） enterprise performance [J]. Strategic Management Journal, 2007, 28 （13）: 1319–1350.

[170] Teece, David; Pisano, Gary. The Dynamic Capabilities of Firms: an Introduction[J]. Industrial & Corporate Change, 1994, 3 （3）: 537–556.

[171] Theodore W. Schultz. Investment in Man: An Economist's View[J]. Social Service Review, 1959, 33 （2）: 109–117.

[172] Ulrich D, Barney J B. Perspectives in Organizations: Resource Dependence, Efficiency, and Population[J]. Academy of Management Review, 1984, 9 （3）: 471–481.

[173] Wernerfelt B. A resource - based view of the firm[J]. Strategic Management Journal, 1984, 5 （2）: 171–180.

[174] Wiggins R R, Ruefli T W. Schumpeter's ghost: Is hypercompetition making the best of times shorter? [J]. Strategic Management Journal, 2005, 26 （10）: 887–911.

[175] Winter S G. Understanding dynamic capabilities[J]. Strategic Management Journal, 2003, 24 （10）: 991–995.

[176] Wright P M, Dunford B B, Snell S A. Human resources and the resource based view of the firm[J]. Journal of Management, 2001, 27 （6）: 701–721.

[177] Wright P M, McMahan G C, Mcwilliams A. Human resources and sustained competitive advantage: a resource-based perspective[J]. International Journal of Human Resource Management, 1994, 5 （2）: 301–326.

[178] Wright P M, Snell S A. Toward a Unifying Framework for Exploring Fit and Flexibility in Strategic Human Resource Management[J]. The Academy of Management Review, 1998, 23 (4): 756-772.

[179] Wright, Patrick M. Enhancing Organizational Performance[J]. Administrative Science Quarterly, 1999, 44 (1): 204-206.

[180] Wright, Patrick M; McMahan, Gary C. Exploring human capital: putting 'human' back into strategic human resource management[J]. Human Resource Management Journal, 2011, 21 (2): 93-104.

[181] Youndt M A, Snell S A, Dean J W, et al. Human Resource Management, Manufacturing Strategy, and Firm Performance[J]. Academy of Management Journal, 1996, 39 (4): 836-866.

[182] Zajac E J, Kraatz M S, Bresser R. Modeling the dynamics of strategic fit: a normative approach to strategic change[J]. Strategic Management Journal, 2000, 21 (4): 429-453.

[183] Zollo M, Winter S G. Deliberate Learning and the Evolution of Dynamic Capabilities[J]. Organization Science, 2002, 13 (3): 339-351.